AF220699

Über die Autorin

Die Auseinandersetzung mit humorvollen und philoso-
phischen Themen kennzeichnet die Werke der Autorin. In
Gedichten und Kurzgeschichten, in philosophischen
Betrachtungen und Aphorismen versucht sie, den Dingen
auf den Grund zu gehen und sie von verschiedenen Seiten
zu beleuchten.

Brigitte Anna Stolle

liebenswert
werter
am allerwertesten

humortolle Alltagserfahrungen

55 kurze Geschichten

Bibliografische Information der Deutschen Nationalbibliothek: Die Deutsche Nationalbibliothek verzeichnet diese Publikation in der Deutschen Nationalbibliografie; detaillierte bibliografische Daten sind im Internet über http://dnb.de abrufbar.

ISBN 9783752859553
1. Auflage 2018
Email: brigitte_stolle@web.de
Umschlaggestaltung: Brigitte Anna Stolle
Vorderseite:
"Sitzender weiblicher Akt von hinten" von Julius Schnorr von Carolsfeld (1820)
Bildnachweis:
SLUB Dresden / Deutsche Fotothek / Hans Loos
Anschrift: SLUB Dresden, Deutsche Fotothek, 01054 Dresden

Herstellung und Verlag:
BoD-Books on Demand, Norderstedt
2018

9 783752 859553

Inhaltsverzeichnis

Nimm´s mit Humor

Telefonterror

Ganz schön anstrengend, dieses Kneten! Mit beiden Händen mühte ich mich ab. Ob die Plätzchen wohl besonders gut schmecken würden nach diesem Kraftakt? Das Telefon klingelte mich aus meinen Gedanken. Ich wollte loslaufen, aber mit diesen Händen? Wie wäre es eigentlich mit einer küchengeeigneten Freisprechanlage für gestresste Hausfrauen? Ein ideales Geschenk! Ich wickelte meine Hände in multifunktionales Küchenpapier, und so präpariert erreichte ich das Telefon gerade noch kurz bevor der Anrufbeantworter ansprang.

„Ja, hallo?" meldete ich mich.

„Guten Tag! Spreche ich mit Frau S.?" tönte es zu mir herüber.

„Ja"

„Frau S., Sie haben vor einiger Zeit ein SKL-Los gekauft. Erinnern Sie sich?"

„Nein".

„Leider hatten Sie dabei kein Glück. Aber für alle, die nichts gewonnen haben, haben wir jetzt ein besonderes Angebot, bei dem Sie garantiert profitieren werden. Wir schicken Ihnen 10 Lose zu einem Preis von nur 50,- € zu und Sie.........."

„Schönen Dank für Ihr Angebot. Aber wenn ich Lotto spielen möchte, kaufe ich mir meine Lottoscheine schon selbst. Dazu brauche ich Ihr Angebot nicht. Ich kann das schon. Ich bin schon erwachsen."

„Ja, aber bei uns spielen Sie in einer Spielergemeinschaft. Das erhöht Ihre Gewinnchancen ungemein."

„Da haben Sie Recht, aber der Gewinn wird dann ja auch ungemein verkleinert, weil er ja durch die Anzahl der Spieler geteilt wird, nicht wahr?"

„Sie können ja jederzeit zurücktreten, wenn Sie nicht mehr mitspielen wollen."

„Das mache ich jetzt sofort. Bitte nehmen Sie zur Kenntnis, dass ich keine Lose haben will. Einen schönen Tag noch."

Ich legte auf. Ärgerlich dieser Anruf! Trotz meiner Vorkehrungen sah man Spuren von Teig am Hörer. Hörer in Backteig – ein neues Gericht. Vielleicht würde solch ein Anruf angenehmer, wenn man gleichzeitig an der knusprigen Kuchen-Umhüllung knabbern könnte. Zumindest würde man sich mit seinen Protesten zurückhalten – weil man ja einen vollen Mund hätte.

(Empfehlung für eine neue Verkaufsstrategie: zuerst eine Gebäckprobe schicken mit dem Hinweis, dass sie am besten an Nachmittag um 16.30 Uhr schmeckt und dann anrufen und den Gebäcktester in einen Verkaufsmonolog verwickeln. Der Erfolg wäre garantiert!)

Ich begab mich wieder an meine Arbeit. Der Teig war gut. Für das Ausrollen brauchte man Geschick und Geduld. Meine Geduld verlängerte ich mir mit gelegentlichen Kostproben. Sie verkürzten die Zeit und auch die Teigrolle gleichermaßen, sozusagen proportional. Wenn jetzt noch 80 Plätzchen aus dem Rest entstehen sollten, musste ich die Rolle einfach in dünnere Scheiben schneiden. Sie würden dann auch schneller fertig gebacken sein, was eine Verminderung der Backzeit und damit der Stromkosten bedeuteten würde.

Meine ökonomischen Überlegungen wurden von einem erneuten Telefonanruf zerrissen. Zum Glück brauchte ich dieses Mal nur das Messer aus der Hand zu legen.

„Ja, hallo!"

„Guten Tag. Spreche ich mit Frau S?"

„Ja!"

„Schön, dass ich Sie antreffe, Frau S.. Wir machen eine Umfrage zum Einkaufsverhalten, damit wir unseren Kunden besser gerecht werden können. Unser

8

Zufallscomputer hat Sie ausgewählt. Haben Sie ein paar Minuten Zeit?"

Blitzschnell ging mir durch den Kopf, dass der Backofen schon vorgeheizt war und die Plätzchen darauf warteten, hineingeschoben zu werden. Der Anruf warf demnach meine Zeitplanung und auch meine präzisen Energiekalkulationen über den Haufen. Sollten sich doch andere nach ihren Einkaufsgewohnheiten befragen lassen. Ich pflegte sowieso nur das einzukaufen, was ich brauchte und repräsentativ würden meine Antworten ohnehin nicht sein. Mit einer vielleicht etwas zu schrillen Stimme bedauerte ich, im Moment wirklich keine Zeit zu haben und brachte es sogar noch fertig, meinem Gesprächspartner einen schönen Rest vom Tag zu wünschen.

Ich eilte in die Küche zurück und nahm das Telefon mit – vorsichtshalber!

Von nun an lief das Plätzchenbacken völlig entspannt. Die Kabarettsendung im Radio plätscherte dahin wie das Abwaschwasser. Der Backofen war programmiert und die Plätzchen verströmten einen überzeugenden Duft. Das Piepen meines Backofens ließ mich zusammenfahren. Nicht schon wieder das Telefon! Mitunter nämlich ähneln sich die Töne, die heutzutage von den diversen elektrischen Geräten ausgesendet werden. Der Backofen lässt sich kaum vom Telefon unterscheiden, das Telefon nicht vom Radio, der DVD-Player nicht von der Türklingel und das Handy nicht vom Frühlingsgesang einer Amsel.

Diesmal war es allerdings eindeutig der Backofen. Ich nahm die heißen Plätzchen heraus und legte sie mit Hilfe eines Messers auf die Kuchenroste. Noch waren einige von ihnen nicht umgesiedelt, als wieder ein Klingelton zu vernehmen war. Eindeutig mein schnurloses Telefon, das bereits in der Warteschlange auf dem Küchentisch lag. Da Telefone ja dazu da sind, wichtige und auch eilige Nachrichten rechtzeitig an den Mann / die Frau zu bringen, nahm ich das Gerät und meldete mich mit „Hallo".

„Guten Tag, spreche ich mit Frau S.?"

Die Stimme des Mannes am anderen Ende schien vor Freude zu hüpfen, dass sie mich nun sprechen konnte. Diese Freude teilte ich nicht und meine aufsteigende Wut fing an, in mir zu brodeln. Was erlaubten sich diese wildfremden Menschen eigentlich, mich immer wieder bei meiner Arbeit zu unterbrechen, indem sie mir etwas anboten, was ich nicht haben wollte. Sie raubten mir meine Zeit und erwarteten wohl noch, dass ich höflich auf ihre Angebote reagierte. „Einfach auflegen", dachte ich. Aber schon kam es mir sturzbachartig über die Lippen: „Ja, Sie sprechen mit Frau S., aber nicht mehr lange. Ich kaufe nichts. Guten Tag!"

Ich legte auf. Jetzt einmal tief Luft holen!

Danach klingelte das Telefon erneut.

Ich zögerte abzuheben. Es könnte ja eines meiner Kinder sein, eine Freundin, der Rückruf meines Anlageberaters oder eine Einladung zur Sendung „Wer wird Millionär?"

„Hallo", hörte ich mich sagen.

„Ich will Ihnen gar nichts anbieten!" empörte sich die Stimme im Telefon. „Wie kommen Sie darauf? Ich möchte mich bei Ihnen bedanken und Ihnen sagen, dass Ihre Spende eine tatkräftige Hilfe für die Erdbebenopfer war. Allerdings gibt es noch viel zu tun. Wenn Sie vielleicht monatlich eine kleine Summe übrig hätten, könnte noch weit mehr Menschen geholfen werden. Für einen Dauerauftrag benötige ich nur Ihre Adresse. Wie ist die Straße?" Das Telefon flog samt seiner geballten inwendigen Wohltätigkeit im hohen Bogen auf die Couch. Nein, nein, nein, dass konnte doch nicht wahr sein. War heute Vollmond? War der Luftdruck stark gefallen? Hatte sich jemand im Reiki versucht und die Energien falsch auf den Weg gebracht?

Anrufe dieser Art hatte ich schon oftmals bekommen, aber so gehäuft wie heute? Ich erinnerte mich, nach manch einem verlängerten Wochenende viele Anrufe auf meinem Anrufbeantworter vorgefunden zu haben. Ich war richtig erbost. Diese Menschen stahlen mir ungeniert meine Zeit.

Mehr noch, sie nötigten mich, mich aus meiner mehr oder weniger komplizierten Tätigkeit zu lösen, um wieder Opfer eines unerwünschten Angebotes zu werden - dem vierten an diesem Nachmittag! Ich nahm mir vor, es diesen Zeitdieben mit gleicher Münze heimzuzahlen.

Da die Plätzchen nun fertig waren, begab ich mich an meinen Schreibtisch. Rechnungen und unerledigte Schreibarbeiten – alles nicht so angenehme Herausforderungen – hatten sich ihren Platz unter dem höchsten Stapel von Manuskripten ausgesucht, sicherlich mit voller Absicht. Sie wollten von mir nicht so leicht gefunden werden, genauso wie kleine Kinder, die sich beim Spielen hinter dem Rücken ihrer Mütter verstecken.

Ich suchte nach einem ganz speziellen Gedicht. Ich wusste, es musste hier irgendwo sein. Vielleicht hatte es sich zu den Abrechnungen gesellt, wohl ahnend, was ich mit ihm vorhatte. Ah, da war es ja!

Es dauerte keine halbe Stunde, da kam der nächste Anruf.

„Hallo, wer ist da?"

Eine jugendliche, männliche Stimme mit weichem Timbre und angenehmer Stimmlage begrüßte mich aufs herzlichste. Nachdem ich ihm bestätigt hatte, dass ich Frau S. sei, ergriff ich ohne Umschweife die Initiative. Ohne ihn weiter zu Wort kommen zu lassen, bedankte ich mich überschwänglich bei ihm dafür, dass er offensichtlich Zeit für mich hatte. Ich informierte ihn unaufgefordert darüber, dass Zeit das Kostbarste sei, was der Mensch zu geben vermag. Und genau darum sei ich ja auch so sehr über seinen Anruf erfreut. Zwischen den Dankestiraden, die ich über meinen sprachlosen Zuhörer ergoss, ließ ich vernehmen, dass er ein objektiver und daher idealer Gutachter für mein gerade neu geschriebenes Gedicht sei und der Zeitpunkt sei auch äußerst günstig. Seine Antwort auf meine Frage, ob er sich das Gedicht gerne einmal anhören wolle, war ein unscharfes „Ja", bei dem ich das Zähneknirschen und die reservierte Mimik bildhaft gleich mit übermittelt bekam. Aber das störte mich keineswegs.

Zielstrebig verfolgte ich meinen Plan weiter. Schon musste sich der junge Mann die Überschrift gefallen lassen und schließlich auch das ganze Gedicht.

Omnipotenz

Die Menschen wollen hier auf Erden
alles, nur eins nicht: älter werden.
Drum wird *nur* Jugend stets hofiert,
für Jobs und Pöstchen engagiert.

Doch heute ist nur noch willkommen,
der sehr viel Zeit hat mitgenommen.
Man nehme Sonn- und Feiertag,
auch Abende ganz ohne Frag',
mache ein Schmuckpaket davon
und freue sich auf den kleinen Lohn.

Und wenn man von dem Mann erwartet,
dass er zum Jupiter durchstartet,
zu filmen Götter und Homer,
bringt er als boy-group sie hier her.
Die Firma will ja Arbeitnehmer
als omnipotente Allesgeber.

Auch klappbar ist der heutige Mann,
weil er tatsächlich alles kann.

Mein Anrufer legte nicht auf! Es kamen sogar spontane Lacher rüber. Offenbar hörte mein Gegenüber interessiert zu. Als mein Vortrag zu Ende war, bedankte sich mein Gesprächspartner zu meiner Überraschung sehr freundlich mit einem deutlich fröhlichen Unterton in seiner Stimme. Das versöhnte mich ein wenig mit dem Nachmittag.
Was, wenn man jedem Verkäufer am Telefon ein Gedicht vorlesen würde? Werbeanrufe würden dann zur Hotline für Poesie, zur Erbauung während der Dienstzeit, zum

Stressabbau zwischen Unbekannten, zum Kommunikationsversuch zwischen Mitmenschen!

Konzert

Ein Konzert ist, wie jedermann weiß, ein Zusammenspiel.
Und jedes Mal gibt es Blumen.
Diesmal traf wieder einmal beides zu..
Die Blumen wurden dem Dirigenten überreicht und der Diva, der Pianistin.
Stolz und selbstbewusst strahlte sie mit ihren Blicken Erfolgsanteile an das Orchester und an die einzelnen Musiker ab. Jeder war dabei.
Und dann, dann geschah es: sie überreichte ihren Blumenstrauß dem ersten Geiger.
Der hatte ihre Blicke bemerkt, Blicke, die ihn streiften und über ihn hinweghuschten. Der Blumenstrauß konnte nicht für ihn gemeint sein. Sicherlich sollte er ihn weiterreichen an seinen qualifizierten Hintermann, den nur für heute engagierten Ondes-Martenot-Spieler. Mit hektischer Geste drehte er sich um und drückte diesem Kollegen den Strauß in die Hand.
Darauf war der nun gar nicht gefasst. Völlig verdutzt lief er hochrot an, fasste den Strauß wie ein heißes Eisen und schnellte ihn dem nächsten Musiker zwischen die reflexgeöffneten Hände.
Es war der Orgelspieler. Seine Töne pflegte er mit Gleichmaß zu produzieren, auch das Ziehen verschiedener Register war seine Sache und das sehr geübt. So zog er nun seine Augenbrauen und seine Augen wurden groß. Aber der Blumenstrauß war kein Orgelspiel. Unfähig, damit umzugehen, drehte er sich hilfesuchend um zum Xylorimba-Spieler und mit immerhin gekonntem Schwung überrumpelte er ihn.

Der neue Straußbesitzer konnte nun die unbeabsichtigten Blumen nicht auf sich sitzen lassen. Er parierte sie instinktiv an den Orgelspieler zurück wie ein Profitennisspieler den Ball direkt nach dem Aufprall.

Sein Hintermann indessen, der zweite Geiger aus der dritten Reihe, hatte aus den Augenwinkeln das Unheil auf sich zukommen sehen, mit geneigtem Kopf, von unten. Er war auf alles gefasst. Doch als das Schicksal in Form des Straußes ihn nun wider Erwarten nicht erreichte, breitete sich Entspannung aus auf seinem Gesicht und ein hämisches Lächeln.

Es galt dem Orgelspieler, der ja die Klaviatur beherrschte, aber nicht den Umgang mit soviel Anerkennung. Gesenkten Hauptes und mit deutlicher „Ohne-mich-Gestik" schob er ihn ab, den Strauß, einfach weg, zurück an den immer noch hochroten Ondes- Martenot-Spieler.

Zum Glück ist das Ondes-Martenot-Spielen auch persönlichkeitsbildend. Immer noch sichtlich emotional beeindruckt, nahm der Spieler sie an, die Situation und die Blumen und legte sie nieder auf sein Instrument.

Da ruhten sie nun und gaben keinen Ton mehr von sich.

Aufatmen allerseits – und die Diva strahlte, auf den Dirigenten, das Orchester und das Publikum, das leider keine Blumen erhielt.

Es war ein schönes Konzert.

Selbst ist die Frau

Ich habe gerade mein Auto repariert.

Scheibenwischer und Scheibenwaschanlage waren ausgefallen und das bei diesem Wetter! Schneetreiben und Regenschauer wechselten sich stündlich ab. Zum Glück bekam ich gleich für den Nachmittag einen Termin bei meiner Autowerkstatt.

Erleichtert sank ich in meinen Sessel. Langsam beruhigte ich mich. In meinem Kopf keimte ein Gedanke auf. Komisch, dachte ich, beides ist gleichzeitig ausgefallen. Da muss doch eine gemeinsame Ursache vorliegen! Ich erinnerte mich, schon einmal von Sicherungen im Auto gehört zu haben. Ich könnte ja mal in der Betriebsanleitung nachsehen. Vielleicht hätte ich ja eine Chance, Scheibenwischer und Waschanlage selbst wieder in Gang zu bringen, denn ich hatte ja noch einen Termin wahrzunehmen. Zeit für einen Werkstattbesuch war da eigentlich nicht.

Schnell lief ich zu meinem Wagen und fing sofort an in der Anleitung zu blättern. Na bitte, da stand es ja! Ich war erstaunt, wie viele Sicherungen es in einem Auto gab. Aber immerhin, hinter jeder Sicherungsnummer stand eine genaue Erläuterung über ihre Funktion. Und siehe da, die Nummer 18 war zuständig für Scheibenwischer und Waschanlage!

Meine Freude löste sich sehr schnell auf, denn wo im Auto waren diese Sicherungen versteckt? Ja, versteckt, denn die möglichen Orte musste ich erst unter zu Hilfenahme anderer Seiten meiner umfangreichen Betriebsanleitung herausfinden. Wie sich herausstellte, hatte jeder Autotyp seine bevorzugten Sicherungsplätze, wobei Rechts- und Linkslenker wiederum unterschiedlich waren. Als zwischen zwei Schneeschauern wieder einmal die Sonne durchkam, lief ich erneut zu meinem Auto, um direkt vor Ort nachzuschauen.

Im Motorraum fand ich gleich zwei Sicherungskästen. Aber sie sahen völlig anders aus als in meiner Anleitung. Enttäuscht knallte ich die Motorhaube zu und machte mich mit einem großen Putzlappen bewaffnet auf den Weg. Um 11.00 Uhr hatte ich ja meinen Termin. Sollte es wieder regnen oder schneien, konnte ich wenigstens die Windschutzscheibe abwischen.

Und so kam es dann auch: gleich zweimal musste ich raus aus dem Auto, um mir Sicht zu verschaffen. Dass ich dabei

15

ordentlich nass wurde, machte mich richtig wütend. Warum hatte ich die passende Sicherung nicht gefunden? Nach dem Meeting-Termin vertiefte ich mich erneut in die Lektüre meiner Betriebsanleitung. Die Abbildung meiner gesuchten Sicherung machte mich stutzig, da sich offensichtlich unmittelbar davor ein kleines Fach befand, das aussah wie ein Aschenbecher. Aber hinter dem Aschenbecher Sicherungen? Mir fiel ein, dass es links ein weiteres kleines Fach gab, in das ich immer meinen Hausschlüssel legte. Als ich mir nun an diesem Fach zu Schaffen machte, klemmte es und weigerte sich beharrlich, mir einen Blick in seine dunklen Hintergründe zu gewähren. Schließlich gab es doch nach und meine Freude war groß. Da waren sie alle, die Gesuchten, schön angeordnet, genau wie auf der Abbildung! Jetzt brauchte ich nur noch die Nummer 18 herauszuziehen und diese durch eine neue Sicherung zu ersetzen.

Gedacht, getan. Die nahegelegene Tankstelle war schnell aufgesucht. Mit gespielter Souveränität und einer Selbstverständlichkeit, als ob ich meine ganzen Tage mit nichts anderem verbringen würde als Sicherungen zu kaufen, verlangte ich eine 20-Ampere-Sicherung, Ich war sehr stolz und bezahlte die 50 Cent betont locker.

Ich fuhr umgehend nach Hause, um das kleine Ding sofort einzubauen.

Es stellte sich heraus, dass das eine tüftelige Angelegenheit war, für die meine Finger nicht unbedingt gemacht waren. Ehe ich mich´s versah, fiel mir das glatte, kleine Ding aus der Hand und verschwand in den Eingeweiden der Armaturen. Und dabei war ich meinem Ziel so nah! Alles Fingerverrenken half nichts. Auch die Stricknadeln, die ich zu Hilfe holte, konnten nichts bewirken.

Mir blieb nichts anderes übrig, als nochmals zur Tankstelle zu fahren. Etwas kleinlauter verlangte ich erneut nach einer Sicherung. Zum Glück war diesmal ein anderer Verkäufer hinter dem Tresen.

Aus Erfahrung klug geworden, stopfte ich den kleinen Sicherungskasten nun mit einem Tempotuch aus, um ein nochmaliges Abtauchen meines wertvollen Kleinods zu verhindern. Diesmal gelang mir der Einbau ohne Probleme. Und nun kam der große Moment: ich betätigte die Scheibenwischer und die Waschanlage und – beides funktionierte! Eine Nachbarin, die gerade vorbeiging, drehte sich ruckartig zu mir um. Ich hatte diesmal wohl sehr laut gejuchzt.

Um dieses Abenteuer abzuschließen, musste ich jetzt allerdings noch den Termin bei meiner Autowerkstatt absagen. Allerdings konnte ich mir dabei die Frage nicht verkneifen, was denn das Austauschen einer Sicherung gekostet und wie lange das gedauert hätte.

„Ach", sagte am anderen Ende der Leitung der Kfz-Mechaniker, „das ist Kundenservice, dauert auch nicht lange, das machen wir so, aus Kulanz."

Stille Post

Die Besucher strömten. Offensichtlich wollten viele die Gelegenheit wahrnehmen, von den tibetischen Mönchen persönlich etwas zu erfahren über den Buddhismus und speziell über die kunstvollen Sandmandalas, die sie mit viel Ausdauer auf dem Kirchplatz erstellt hatten.

Da saßen sie, ihrer vier, in orangefarbenen Gewändern und rasierten Köpfen und ließen die Blicke unruhig über die große Menschenmenge schweifen. Ein lässiger, Kaugummi kauender Reporter richtete sein Wuschelmikrophon ein, eins von der Sorte, die üblicherweise Windgeräusche zerschleißen, um so eine ruhige Übertragung zu ermöglichen. Sollte es denn hier in der Kirche stürmisch werden?

Zu den vier tibetischen Mönchen gesellten sich nun noch weitere Personen, ein französischsprachiger Mönch und gleich zwei Dolmetscher. Es waren tatsächlich zwei

Dolmetscher erforderlich, da wohl nur wenige Dolmetscher der tibetischen Sprache mächtig waren. So sollte der eine die Fragen der Besucher ins Englische übertragen, der andere vom Englischen ins Tibetische. Man muss dazu wissen, dass die Mönche einfache Menschen waren, die zwar ihr Handwerk, das Mandalamalen, studiert hatten und, wie man sich selbst überzeugen konnte, perfekt beherrschten, jedoch sonst keine Gelehrten waren.

Die Kirche füllte sich. Es ging auf elf Uhr zu. Der Pastor, der Organisator der Veranstaltung, erfragte noch die letzten Unklarheiten beim englisch-tibetischen Dolmetscher und entschuldigte sich dabei lachend für sein fehlerhaftes Schulenglisch. Nach dieser lockeren Einleitung konnte die Befragung der Mönche beginnen.

Das Publikum zögerte. Schließlich meldete sich eine Frau, die wissen wollte, warum der Dalai Lama schon als Kind in sein Amt eingeführt werde. Der deutsch-englische Dolmetscher nickte und machte sich gleich an die Arbeit. Er wandte den Kopf seinem Kollegen zu und schien etwas zu murmeln. Kurz darauf wandte sich dieser zu dem ersten Mönch und teilte ihm für die Zuhörer nicht wahrnehmbar die Frage mit. Der Befragte verdrehte die Augen und neigte sich nun seinerseits murmelnd zum zweiten Mönch. Als auf diese Weise die Botschaft schließlich beim letzten Mönch angekommen war, holte dieser tief Luft und präsentierte der lauschenden Zuhörerschaft eine knappe und offenbar sehr präzise, aus einigen Gurgellauten bestehende Antwort. Alle lachten, nur nicht unser tibetisch-englischer Dolmetscher. Er rang sichtlich mit den wenigen ihm zur Übersetzung angebotenen Brocken. Auch wollten sich die ihm zur Verfügung stehenden englischen Vokabeln nicht so ganz in den Sinnzusammenhang fügen. Schließlich holte er sich Rat bei seinem Kollegen und man konnte erahnen, dass wohl einige verschiedene Synonyma für die angemessene Übersetzung in Frage kamen, auf deren exakte Auswahl sich die beiden nur schwer einigen konnten. Die Zuschauer, die das Schauspiel bisher mit vor Spannung knisternder Aufmerksamkeit verfolgt hatten, waren erheitert von der unerwarteten stillen Post, die sich da vorne abspielte.

Dem Pastor, einem flexiblen Menschen, kam eine Ahnung von der besonderen Problematik dieser Veranstaltung. Geübt im Händeln schwieriger Situationen, ergriff er die Initiative und fragte ins Publikum, ob vielleicht zufällig jemand da sei, der vom Tibetischen ins Deutsche zu übersetzen vermöge. Und siehe da, es meldete sich eine tibetische Frau, die ein wenig zögerlich auf die Aufforderung der Pastors hin den Kreis der Mönche erweiterte.

Sofort wurde die Probe aufs Exempel gestartet. Es zeigte sich, dass diese kleine und offensichtlich sehr kreative Frau viel aus der kurzen Antwort des Mönchs herauszuholen verstand. Alle waren begeistert und die weit nach vorn geneigte Erwartungshaltung der Zuhörer bekundete ihr intensives Interesse.

Jetzt meldete sich ein Mann zu Wort, der leider nicht über genügend Stimmgewalt verfügte, um bis zu den Mönchen durchzudringen. Der Pastor, freundlich lächelnd, bemerkte, dass er seinerseits die Frage akustisch verstanden habe und sie nun zur sprachlichen Weiterverarbeitung weiterreichen werde.

Er wiederholte die Frage laut und deutlich, für welchen Dolmetscher auch immer. Der deutsch-englische war es dann, der das Wort ergriff. Der flüsterte seine Botschaft in das sich ihm stark angenäherte tibetanische Ohr. Es reckte sich ihm wie eine Blüte entgegen, um auch nichts von den kostbaren Worten danebenfallen zu lassen. Zwar vernahm der interessierte Zuhörer von alledem nichts, konnte jedoch beobachten, wie ein immer größer werdendes Erstaunen sich auf dem Gesicht des Tibeters ausbreitete. Der französische Mönch, der sich bislang ganz zurückgehalten hatte, bemerkte die Schwierigkeiten des Dolmetschers und gab, so gut er konnte, weit ausholende Erklärungen zur

19

gestellten Frage ab, auf Englisch mit französischem Dialekt und kräftiger Stimme.

Derweil war zu beobachten, dass die vier Mönche mit der Veranstaltung nicht viel anzufangen wussten. Einer von ihnen löste das Problem, indem er inständig das Gewölbe der Kirche betrachtete und für jeden Anwesenden deutlich machte, dass er dabei möglichst nicht gestört werden wollte. Der nächste saß da mit verschränkten Armen in tiefer Versunkenheit. Der dritte zog sich in seinen Umhang zurück, um ihn wie es schien, als Allzwecktuch zu verwenden. Die unangenehme Gesprächssituation regte wohl seine Nase zu einer erhöhten Aktivität an, die er mit Hilfe seines Umhangzipfels diskret zu meistern verstand.

Obwohl es für jedermann ersichtlich war, dass die Mönche sich in ihrer Situation recht unwohl fühlten, nahm die Veranstaltung weiter ihren Lauf. Fragen wurden gestellt von sich selbst sehr ernst genommenen Teilnehmern, detailliert und hochphilosophisch. Die armen Mönche demonstrierten ungewollt an ihrem eigenen Beispiel, dass niemand im Buddhismus dem Leiden zu entgehen vermag, ja, dass die Lehre vom „suffer" hier sogar einen zentralen Stellenwert besitzt.

Auch der Pastor musste das am eigenen Leibe erfahren. Ein Zuhörer, der zuvor schon aufgefallen war, weil er mit seinem Kopf ununterbrochen nickende, schwenkende und zuckende Bewegungen ausführte, stand auf, um unaufgefordert zu reden. Der Pastor eilte zu ihm und konnte ihn dazu bringen, sich wieder zu setzen und artig wie ein Schuljunge aufzuzeigen. Das tat er dann mit einer erstaunlichen Beharrlichkeit. Zwar gingen seine Nerven doch wieder mit ihm durch, so dass er vehement aufsprang, aber nach Verbeugungen zu allen Seiten setzte er sich wieder hin. Drei-, viermal wiederholte sich dieser Vorgang. Der Pastor ließ andere Besucher Fragen stellen, immer jedoch mit einem angstvollen Blick auf den nervösen Kopfnicker.

Inzwischen war der deutsch-englische Dolmetscher zu

einer besonderen Hochform aufgelaufen. Aus der Erkenntnis heraus, dass von den Mönchen keine befriedigenden Antworten zu den komplexen philosophischen Fragen zu erwarten waren, hatte er in seinem Kopf mobil gemacht und präsentierte nun dem wissensdurstigen Publikum alles, was er selber über den Buddhismus wusste. Er führte wortreich aus, dass das Bestreben eines Buddhisten die Loslösung von jedweder Anhaftung in diesem Leben sei, der Anhaftung an materielle Güter wie Autos und anderem Besitz, der Anhaftung an Freuden und Wünschen und allem, was es sonst noch gibt. Und das alles, so erläuterte er, sei nur zu erreichen durch „suffer", das Leben sei eben Leiden.

Der nächste Fragesteller erhob sich, rückte seine Krawatte zurecht und setzte zu seiner Frage an. Da schnellte der Kopfnicker empor. Er konnte sein Begehren, endlich zu Wort zu kommen, nicht länger unterdrücken. Er verbeugte sich und gab zu allen Seiten nickend und Kopf kreisend ein paar unverständliche Wortfetzen zu Gehör. Dann aber konnte er sich doch soweit kontrollieren, dass deutlich wurde, was er sagen wollte: Er forderte die Vereinigten Staaten von Amerika auf, sich mehr für Tibet einzusetzen und äußerte sein Unverständnis darüber, dass man bei einem Fernsehinterview dem Dalai Lama ganze 10 Sekunden Redezeit zugebilligt habe. Stürmischer Applaus! Zufrieden und etwas beruhigt nahm der Sprecher wieder Platz.

Ein anderer Fragesteller warf nun die Frage auf, was man unter einem Meister im Buddhismus verstehe. Als diese Frage die Mönche erreichte, lachten sie sichtlich amüsiert. Dass man solch eine Frage überhaupt stellen konnte! Ein Meister ist ein Meister, nun ja, wie ein Professor oder so ähnlich. Das war's, basta!

Und weiter ging's mit neuen Fragen. Der Wissensdurst des Publikums war schier unersättlich. Nur nach der Maltechnik beim Erstellen der Sandmandalas, nach ihrer Bedeutung und ihrem Ursprung, worauf die Mönche kompetent hätten antworten können, wurde nicht gefragt. Stattdessen regte eine Besucherin an, für Tibet zu beten. Der Pastor witterte seine Chance und ergriff sie inbrünstig. Und unabhängig von allen gesprochenen Worten stieg es auf gen Himmel, das innigste und ehrlichste Dankgebet, das sich seiner je bemächtigt hatte:

„Gott, mögest du nun buddhistisch, christlich oder sonst etwas sein, dir sei Dank, dass du diesen Alptraum beendet hast."

Wiedergutmachung

Der beste Komiker ist doch das Leben selbst!

Aber eins ist auch klar: das Ereignis selbst ist oftmals alles andere als komisch.

Da gefiel z.B. eines Tages einer Frau der Mann der Nichte nicht – oder vielleicht gerade besonders gut? Auf jeden Fall sah sie diese Verbindung höchst ungern. Sie stellte insgeheim Nachforschungen an über den Lebenswandel dieses „Mannes am falschen Platz". Als sie dann nach einer Woche versteckte Andeutungen machte und dabei auch noch mit den Augen rollte, ahnte man nichts Gutes. Wie eine Spinne in ihrem ausgeklügelten, fein gesponnenen Netz saß sie bescheiden da, zog dezent ihre Fäden - und wartete.

Es dauerte nicht lange, da verlangte die Bank von dem beobachteten Mann eine große Summe Geldes, für die er im Rahmen seiner geschäftlichen Aktivitäten gebürgt hatte. Die Gründe für die plötzliche Inanspruchnahme seiner Bürgschaft waren sehr undurchsichtig. Aber da er von jetzt auf gleich viel Geld auf den Tisch legen musste, geriet er in große finanzielle Schwierigkeiten und war kurz darauf am Ende. Seine Ehe wurde Hals über Kopf geschieden und auch der kleine Sohn musste sich vorerst von seinem Vater trennen. Die unverheiratete Tante mit ihren verantwortungsbewussten Familienbanden hatte unbestreitbar ganze Arbeit geleistet.

Die veranlassten Turbulenzen ergaben in der Folgezeit, dass nun die Schwester unserer "Freundin", die Oma des kleinen Jungen, als einzige für die Betreuung des Kindes in Frage kam. Nun fühlte sich die Oma aber gleichermaßen ihrer Schwester, der Großtante des Kleinen gegenüber verpflichtet wie auch seinem Vater und geriet damit in eine ziemliche Zwickmühle. Es war schier unmöglich, beide Kontrahenten gleichzeitig zu einer Familienfeier einzuladen. Das Gezeter der Schwester war jedes Mal groß, ebenso das Unverständnis des Vaters über dieses Verhalten.

Die Oma jedoch hatte zweifellos den schwierigsten Part in dieser Tragik-Komödie. Zeiten wurden ausgemacht für den Besuch des einen und des anderen Kontrahenten, Späher mussten sich an der Haustür postieren, um ein unvorhergesehenes Zusammentreffen der Konfliktparteien zu vermeiden, ein beleidigtes Ego wollte beschmeichelt werden, ein gekränktes und trauriges bedurfte der Aufmunterung und Vergewisserung.

Hin und wieder stand ohne erkennbaren Grund auch ein umfassendes Familien-Suchspiel auf der Tagesordnung. Das lief meistens nach einem ganz bestimmten Muster ab: Die Großtante, die sich immer für generös, verantwortungsbewusst, unverzichtbar, bestens informiert und zu kurz gekommen hielt, sah diese Qualitäten von ihren Familienangehörigen zu wenig gewürdigt und lief, von Tränen überflutet, einfach weg, hinaus in die tiefe Dunkelheit der Nacht, in die Regenschauer eines Gewitters oder einfach drei Straßen weiter, wo man sie kannte und zuordnen konnte, jedoch nicht ihr Jammern und Wehklagen.

Was lag da näher, als dass sich alle anwesenden Familienmitglieder sofort auf die Beine machten, um sie wieder einzufangen. Die wichtigste Aufgabe dabei hatte der Opa, ihr Schwager. Sie liebet es, wenn er ihr nachlief.

Da sie das im Alltag nicht erreichen konnte, war das Suchspiel eines ihrer beliebtesten Freizeitbeschäftigungen. Und sie praktizierte es so oft wie möglich.

Schließlich legten sich die Jahre über die Ereignisse. Die Oma, schon sehr betagt, verstarb und das Alter bemächtigte sich auch der immer kleiner werdenden Großtante. Ihre Abneigung gegen den Exmann der Nichte wurde aber keineswegs kleiner. Selbst seinen Namen zu nennen, glich immer noch einer Todsünde.

Der Geschmähte seinerseits hatte mit der Zeit viel an Lebenserfahrung, Übersicht und Gelassenheit gewonnen. Er trug niemanden mehr etwas nach, auch sich selber nicht. Sein Vermögen bot ebenfalls nicht viel zum Tragen an.

Wichtig war ihm nur noch eins, sein Sohn. Für ihn war er bereit, die Mühen einer aufwändigen Hausrenovierung auf sich zu nehmen, den Staub, den Lärm, die Zeit und die Kosten. Die augenfälligen Fortschritte dankten es ihm. Die Räumlichkeiten erstrahlten in neuem Glanz. Nur leider fehlte es ganz und gar an Möbeln!

Nun kam die Zeit, dass besagte Großtante ihre letzte Schwester verlor. Als engste Verwandte erbte sie alles. Da stand sie nun in ihrem hohen Alter und hatte einen riesigen Wohnzimmerschrank zusätzlich, den sie weder unterbringen noch transportieren konnte, eine überflüssige Kücheneinrichtung, ein Eheschlafzimmer, das sie niemals hätte brauchen können, einen Zweit-Fernseher für den Keller, einen unpassenden Gasherd und vieles mehr. Aber die Zeit für die Haushaltsauflösung drängte. Hilfsbedürftig wie die alte Dame war und gut geübt in dieser Rolle, wandte sie sich an ihre Nichten, damit die sich um die Veräußerung all der vielen Gegenstände kümmern sollten.

Das taten sie dann auch. Ein realistischer Blick in die Verwandtschaft zeigte ihnen sehr schnell, wer die Einrichtungsgegenstände am besten gebrauchen konnte, nämlich der Exschwager, dem die nachtragende Tante die ganzen Jahre über den Zutritt zur Familie verwehrt hatte.

So kam es dazu, dass der Erzfeind von seiner Wider-
sacherin all die edlen Erbstücke erhielt, die sie an
Menschen zu veräußern gedacht hatte, die ihr am Herzen
lagen! Ironie des Schicksals!

Und als die Tante schließlich davon erfuhr, wer den
Großteil ihrer wertvollen Hinterlassenschaft bekommen
hatte, konnte sie nicht mehr tun als nur mit den Augen zu
rollen.

Ja, wie das Leben so spielt!

Irrtum

Es ist ein schöner Sommertag. Wir schlendern durch die
Einkaufstraße, um nach ein paar Schnäppchen Ausschau
zu halten. Musik dringt an unsere Ohren. Ein Saxophonist
jubelt Töne um sich herum wie Jonglierbälle. Seine große
Virtuosität lässt auf ein gutes Trinkgeld hoffen. „Es ist
doch erstaunlich", geht es mir durch den Kopf, „welch
zauberhafte Musik man aus einer einfachen Röhre mit ein
paar Löchern herauslocken kann".

Wir bleiben einen Moment stehen und hören zu.

Da nähert sich ein Vater mit seinem Sohne. Dem Kind
drückt offensichtlich der Schuh. Direkt neben dem
Saxophonisten lässt sich der quengelnde Junge nieder,
zieht seinen Schuh aus und macht sich umständlich an
seinem Strumpf zu schaffen. Der Vater wird langsam
ungeduldig. Aber der Sohn lässt sich nicht antreiben.
Schlecht gelaunt macht er auf seinem Po eine halbe
Drehung, so dass der ausgezogenen Schuh jetzt ein
bisschen verwaist abseits steht. Aber so ganz übersehen
wird er offensichtlich doch nicht. Passanten, neu
hinzugekommen und vom Saxophonspiel erfreut, werfen
Münzen - wer kann es ihnen verdenken? - in den Schuh, in
den Schuh des Jungen! Dem Saxophonisten bleibt einen
kurzen Moment der Ton weg. Aber schnell fasst er sich

und mit einer eleganten Verbeugung nähert er sich dem Schuh, dreht ihn um und nimmt die Geldstücke an sich. Ordentlich stellt er ihn wieder auf seinen alten Platz. Wenn das keine erfolgreiche Teamarbeit ist!

Ein Hoffnungsschimmer

Wie schon so oft ging ich wieder einmal durch den Baumarkt, um etwas Bestimmtes, nicht Alltägliches, zu besorgen.

Mir war klar, dass ich ohne Hilfe diese Spezialität nicht finden konnte.

Nun ergab es sich leider häufig im Zuge der Rationalisierungen, dass weit und breit kein Mitarbeiter zu entdecken war, der mir hätte weiterhelfen können. Ich ging den Hauptgang entlang und spähte systematisch nach rechts und links in die Seitengänge, immer mit einer schnellen halben Drehung des Kopfes, um wirklich keine Chance zu verpassen, einen Angestellten zu erblicken.

Jedoch ein Baumarktmitarbeiter war nicht in Sicht.

Plötzlich tauchten ganz hinten am anderen Ende des Langganges die typischen Baumarktfarben auf. Ich beschleunigte meine Schritte und seufzte erleichtert: „Na endlich!"

Schon hatte ich mich dem flinken Fachmann bis auf wenige Meter genähert - vielleicht konnte er mich ja schon hören - da fasste mein gesichteter Hoffnungsschimmer die Klinke einer Tür, drückte sie herunter und verschwand - auf der Toilette !

26

Wer will mit nach Kölle fahren?

Ich!

Ich habe mein Auto verkauft. Nun bin ich stolze Besitzerin einer Bahn-Card. Soviel wie einmal voll tanken habe ich dafür bezahlt. Mal schauen, wie weit mich die Bahn dafür bringt – natürlich habe ich auch schon rechtzeitig ein dazugehöriges Ticket erstanden.

Es ist schönes Wetter und es macht mir nichts aus, auf dem Bahnsteig auf meinen Zug zu warten, zumal ich meinen praktischen Hartschalenkoffer als Sitzgelegenheit nutzen kann. Mit geschlossenen Augen genieße ich die Morgensonne und fühle mich wohl: ja, mit dem Zug zu fahren, das war bestimmt die richtige Entscheidung!

Aber warum kommt er nicht? Schon fünf Minuten ist er überfällig. Mir fällt ein, dass ich am nächsten Bahnhof nur acht Minuten für den Wechsel auf einen anderen Bahnsteig habe und dazu einen wirklich schweren Koffer. Vielleicht ist das Bahnreisen nur etwas für Leute ohne Gepäck, schoss es mir durch den Kopf. Man könnte sich ja am Zielort alles kaufen. Vor der Rückreise müsste man dann allerdings alles wieder loswerden, z. B. verschenken. Profitieren würden davon Deutschlands Geringverdiener. Warum nicht? Davon gibt es ja inzwischen genug.

Meine Gedanken werden von der Ankunft des Zuges unterbrochen. Ein frischer junger Mann hievt mir meinen Koffer ins Abteil, ganz zwanglos.

Beunruhigt stelle ich fest, dass der Zug keine Anstalten macht, sich zu beeilen. Mir wird auch bewusst, dass der Zug durch mein Hin- und Herlaufen keinen Deut schneller wird.

Endlich am Umsteigebahnhof angekommen, habe ich noch genau drei Minuten Zeit. Ein Koffertransportband verspricht mir Hilfe in meiner Not. Es funktioniert nicht. Bei dem nun folgenden hastigen Treppab und Treppauf quetschen sich kräftige Flüche durch meine zusammengebissenen Zähne, Flüche, von denen ich gar nicht wusste, dass mein Inneres sie überhaupt kannte. Am Bahnsteig oben angekommen registriere ich erleichtert, dass mein Zug noch da ist. Dankbar nehme ich die Kofferhilfe eines zwar nicht mehr jungen, aber immer noch kräftigen Mannes an.

Dann lasse ich mich erschöpft auf einen nicht reservierten Sitzplatz fallen und atme erst einmal tief durch. Bis Köln kann ich jetzt ohne Unterbrechung fahren, zwei Stunden zum Abbau meines erhöhten Adrenalinspiegels. Ich schaue aus dem Fenster und genieße es besonders, wenn wir wieder einmal eine Autobahn kreuzen. Mit einer gewissen Schadenfreude sehe ich die vielen PKW direkt auf den nächsten Stau zusteuern. Als Bahnfahrerin kann mir das ja nicht passieren. Auch auf die detaillierten Ansagen über Lautsprecher z. B. darüber, wo wir als nächstes halten werden und wie viel Minuten Verspätung unser Transportmittel jetzt hat, müsste ich im Auto verzichten. Habe ich richtig gehört, Verspätung? Auch dieser Zug hat Verspätung? In Köln habe ich eine ganze Viertelstunde Aufenthalt. Das muss doch nun wirklich reichen! Mein Autogenes Training, das für solche Situation wie geschaffen ist - Gedanken gleiten dahin wie ICE-Züge - , hält der nächsten Verspätungsansage trotzdem nicht stand: 14 Minuten sind es jetzt mit steigender Tendenz! Und nun? Wieder geht das Bangen los. Die Bahnfahrt entpuppt sich ja als richtiger Nervenkiller! Bald aber schon löst er sich in Luft auf, als nämlich die nächste Ansage keine weiteren Verspätungen mehr meldet, sondern den lauschenden Reisenden nur noch Vorschläge für ihre mögliche Weiterfahrt unterbreitet. Für mich ist keiner dabei. Die Auskunft solle man fragen!

Bevor der Zug in den dunklen Kölner Sackbahnhof einfährt, trödelt er noch ein bisschen in der Sonne. Jetzt, wo es eh nicht mehr auf die Zeit ankommt, genießt er offensichtlich noch ein wenig den Sommer ohne Hektik. Dann sind wir da. Ein älterer, nicht mehr ganz so fitter

Mann bewältigt meinen Koffer mit Bravour und nun stehe ich da.

Zum Glück hat dieser Bahnhof einen Aufzug. Der bringt mich dann auch elegant auf die Auskunftsebene, leider aber nicht direkt zur Information. So packe ich das schwere Gebilde von Koffer und mache meinen ersten Halt vor einer Boutique. Meine Hände schmerzen vom Koffergriff. Die Auslagen interessieren mich eigentlich nicht und kaufen will ich schon gar nichts. Mein Koffer ist schwer genug!

Und weiter geht's bis zur nächsten Verschnaufpause, diesmal vor einem Toilettenschild. Auch eine gute Idee, denke ich, da kann ich kurz einmal verschwinden. Dem ist aber keineswegs so. Zu den Toiletten führt eine steile schmale Treppe, die mir jeden Druck auf die Blase vergehen lässt. Man sollte sich auch nicht so abhängig machen von Toiletten!

Ich setze zu einer neuen Etappe meines Intervalltrainings mit Koffer an. Schließlich erreiche ich die Warteschlange vor dem Informationsschalter. Informationen sind offensichtlich heiß begehrt. Es dauert nur ein paar Minuten und schon bin ich an der Reihe. Der Beamte hinter dem Schalter ist ein höflicher junger Mann, der mir auch bereitwillig mitteilt, dass es eine Direktverbindung nach Freiburg nun vorerst nicht geben wird, dafür aber in einer Stunde die Möglichkeit bis Mannheim zu fahren und dort umzusteigen mit 10 Minuten Aufenthalt. Ich sage „Danke". Der junge Beamte zuckte nur mit den Schultern, unterstrichen von einem vielsagenden Blick.

Erneut nehme ich meinen Koffer in Angriff. Meine rechte Hand spüre ich nicht mehr, dafür aber meinen rechten Unterschenkel, gegen den der Koffer ununterbrochen unaufgefordert stößt. Bei meinem nächsten Stopp erblicke ich ein Optikergeschäft. Darüber bin ich sehr erfreut, denn unterwegs hat sich ein Bügel meiner Sonnenbrille gelöst. Die nette Dame hinter dem Tresen freut sich über die einzige Aufgabe, die zur Zeit für sie im Raum steht und repariert mir die Brille mit Sorgfalt und Kulanz. Ein wenig getröstet setze ich meinen Weg fort.

Die Wartestunde auf dem Bahnsteig vergeht schnell, zumal ich mir wegen der brüllenden Lautsprecheransagen ununterbrochen die Finger in die Ohren stecken muss. Ein Telefonat mit meiner Tochter, der ich meine spätere Ankunft mitteilen möchte, verkneife ich mir. Im Zug nachher wird es sicherlich leiser sein, so dass dann auch zu verstehen sein wird, was ich sage.

Ich bin glücklich, als mein Zug endlich einfährt. Wieder habe ich eine nette Hilfe für meinen Koffer, was mich inzwischen nachdenklich macht und an meiner skeptischen Einstellung zu anderen Menschen rüttelt. Solch eine Hilfsbereitschaft überall habe ich nicht erwartet.

Der junge Russe, mit dem ich im Zug ins Gespräch komme, bestärkt mich noch in meinen optimistischen Ansichten. Sympathisch und informiert, bescheiden und bestimmt erzählt er von seiner Heimat und was er von Mannheim erhofft. Auch er ist bereit, mir meinen Koffer zu tragen.

In meinem neuen Zug ist ein Platz frei neben einer jungen Japanerin. Es beeindruckt mich sehr, sie die japanischen Schriftzeichen in ihrem Buch lesen zu sehen. Von ihr erfahre ich auch, dass die chinesischen Schriftzeichen den japanischen gleichen. Allerdings seien die japanischen noch mit kleinen Anhängseln versehen, die die Beziehungen verdeutlichten. Noch Vieles über die Lebensweise der Japaner erzählt sie mir und auch, dass sie in Freibug ihren Bruder besuchen will. Ob sie denn abgeholt werde vom Bahnhof, will ich noch wissen. Ja, meint sie, ihr Bruder komme mit dem Auto.

Als wir den Freiburger Bahnhof erreichen, hat unser Zug nur unbedeutende drei Minuten Verspätung. Aber wer sagt denn, dass sie unbedeutend sind? Mit ihnen zusammen summieren sich meine Verspätungen auf insgesamt eine Stunde und drei Minuten. Erstattet die Bahn nicht einen Teil des Fahrpreises bei einer Verspätung von über eine

Stunde? In dem Moment jubelt mir mein kleines Enkelkind auf den Schultern seines Vaters entgegen: „Hallo Oma, wir wollen dich mitnehmen mit dem Auto von Tante Ulrike!" Auf einmal vergesse ich alle Beschwernisse der Fahrt, meinen Erstattungsanspruch inklusive, drücke die Kleine fest an mich - und freue mich auf mein nächstes, eigenes Auto.

Rabatt

Was waren das doch für Zeiten, als es noch die Rabattbücher gab! Wir Kinder freuten uns jedes Mal, wenn wir Marken einkleben konnten, denn das volle Buch durften wir einlösen und das Geld behalten. Mit Hilfe der pädagogisch wertvollen Anschaulichkeit dieses Büchleins rechneten wir sogar freiwillig aus, wie viel Mutter noch einkaufen musste, bis alle Marken zusammen wären.
Heutzutage hat diese Übersichtlichkeit ein bisschen nachgelassen. Selbst bei einem ausgeklügelten Ordnungssystem wird man all der angebotenen Rabatte nicht mehr Herr.
Immerhin als handfestes Angebot ist die Sache mit der Pfanne zu werten. Beim Kauf einer neuen wird die alte wie Bargeld mit einem ansehnlichen Betrag in Zahlung genommen. Die verbrauchte Pfanne ist also Geld wert! Der Versuch allerdings, sie wie Bargeld in die Brieftasche zu stecken, scheitert vorerst. Vielleicht ist das so auch nicht gemeint. Also nehme man sie unter den Arm und begebe sich zum Händler.
Und tatsächlich: auf meine neue Pfanne erhalte ich einen beträchtlichen Rabatt. Nur schade, dass sie trotzdem meinem Portemonnaie nicht gut tut, denn es fließt kein Geld hinein, sondern nur hinaus. Das sind offensichtlich die Folgen des neuen Rabattsystems, denke ich und ziehe mit gemischten Gefühlen von dannen. Meine alte Pfanne

hätte es sicher noch eine gute Weile getan. So schlecht war sie gar nicht.

Zu Hause angekommen, setze ich mich einen Moment hin. Da fällt mein Blick auf den Wandkalender. Durch seinen Kauf habe ich Rabatte auf verschiedene Backwaren erworben. Die Rabatte gelten immer nur in einem bestimmten Monat. Mir wird bewusst, dass dieser Kalender in der Lage ist, meinen Appetit zu steuern und zwar monatsgerecht auf das Produkt, das gerade durch den Rabatt begünstigt wird. Mir kommt in den Sinn zu hinterfragen, wie frei ich eigentlich noch in meinen Entscheidungen bin? Warum lasse ich mich dazu bringen, mich mit derart unbedeutenden Problemen auseinander zu setzen? Und das alles wegen ein paar Cent, die eingespart werden können! Immerhin scheint das neue Rabattwesen zu Grundsatzreflexionen anzuregen.

Mir fällt ein, dass ich ja noch für das Wochenende einkaufen muss. Besuch hat sich angemeldet und meine Vorräte müssen dringend aufgefrischt werden. Also begebe ich mich zum nächsten Supermarkt. Hatte der nicht heute ein Sonderangebot? 30% Rabatt auf 1 kg Gummibärchen? Für diese Süßigkeit laufe ich sogar bis in die hinterste Ecke des Marktes. Mir kommt das gerade recht, denn ich habe heute viel gesessen. Damit sich das Supermarkt-Jogging auch lohnt, nehme ich dann auch gleich drei Dosen mit.

An der Kasse irritiert mich der hohe Rechnungsbetrag. Die geduldige Kassiererin erklärt mir, dass ich die falschen Gummibärchen mitgenommen habe. Die, für die es den Rabatt gibt, stehen genau in der entgegen gesetzten Ecke des Supermarktes. Aber dieser Irrtum sei heute schon mehrfach vorgekommen meint sie lächelnd. Ich spüre, wie mir die Wut in den Kopf schießt. „Halt" denke ich, „das ist die Sache nicht wert". Also schicke ich meine Wut in die Beine und renne wieder durch den gesamten Markt, zum großen Erstaunen der Kundschaft und zu meiner Erleichterung. Mit den richtigen Gummibärchen beladen, geht es wieder zurück. Dabei fühle ich mich wie bei einem

Trainingslauf mit Hanteln. Aber warum muss ich denn auch gleich drei Dosen kaufen? Immerhin stimmt jetzt der Preis. Den überschüssigen Betrag kann ich mir an der Information abholen. Ich stelle mich in die Warteschlange vor dem Reklamationstresen, als letzte, versteht sich und habe nun genügend Zeit, den Aufwand und den Nutzen der ganzen Aktion zu reflektieren. Zeit und Ärger habe ich investiert, um ein wenig Geld zu sparen. Wäre ich bereit gewesen, den regulären Preis zu bezahlen, hätte ich genüsslich und in Ruhe Gummibärchen essen können.
Tja, es ist eben alles eine Frage der Wertordnung!

Ytong

Ich bin schon quasi auf dem Weg. Ich habe es eilig. Es reicht gerade noch zum Kämmen. Gut aussehen muss ich auf jeden Fall. Ich will ja Eindruck machen. Sicherlich ist da irgend jemand, der sich für mich interessieren könnte. Handwerker werden dort sein und zukünftige Bauherren oder Baudamen. Es werden wohl wenig Frauen dort sein. Ytong hat was mit Bauen zu tun. Soviel weiß ich. Wahrscheinlich sind es Steine, eine neue Art von Steinen. Eigentlich habe ich überhaupt keine Ahnung. Ytong interessiert mich auch gar nicht. Meine Haare wollen mal wieder nicht so liegen wie ich will. Und dabei ist es mir gerade heute Abend wichtig. Verflixt, jetzt muss ich mich aber beeilen. Für den Weg brauche ich eine Viertelstunde. In meinen hochhackigen Schuhen laufe ich wie auf Eiern. Das Kopfsteinpflaster auf unserem Parkplatz macht ja schon bei flachen, dünnen Sohlen Probleme. Nicht stecken bleiben in den Rillen! Ich will doch den Eindruck einer gepflegten Dame machen und gerade die Absätze zeigen doch, ob man die Rolle kann! Ich bin eigentlich keine Dame. Ich beschäftige mich gerne mit handwerklichen Herausforderungen und davon habe ich genug. Das Haus, das ich gekauft habe, ist alt und reparaturbedürftig. So fehlte z. B. an unserer Haustür eine Außenlampe und natürlich auch das Kabel dafür. Ich brachte es fertig, eine Wechselschaltung zwischen Kellertreppe und Außenlampe einzurichten - unabsichtlich. Aber man kann ja sowieso nicht gleichzeitig in den Keller gehen und seinen Besuch an der Türe empfangen.

Aber ehrlich gesagt, von Ytong hatte ich bislang nichts gehört. Ytong ist mir auch egal. Ich habe in der Zeitung gelesen, dass dieses neue Material vorgestellt werden soll. Andere Veranstaltungen gibt es an diesem Abend nicht. Aber ich kann es in den eigenen vier Wänden nicht mehr aushalten. So ohne Gegenüber, nur mit mir allein. Keiner, der mich sieht, der mich anspricht. Es zieht mich praktisch dahin, wo andere Menschen sind, wie an einem stark gedehnten Gummiband, das zu zerreißen droht.

Also, warum soll ich nicht mal eine Infoveranstaltung über Ytong besuchen. Ich kenne die Straße und auch das Gebäude, wo sie sein soll. Und schnell finde ich auch einen Parkplatz. Scheint ja nicht viel los zu sein. Macht auch nichts, Hauptsache es sind überhaupt Besucher da, Menschen, die mich sehen, die mich beachteten mit denen ich vielleicht sogar reden kann.

Hell ist es im Ausstellungsraum. Interessierte Männer, z. T. in Overalls, sind in die löchrigen Steine vertieft. Wörter wie "Materialersparnis, Leichtbauweise" erreichen mein Ohr. Dabei melden sich Gedankenfetzen in meinem Kopf wie "Hineinschauen können, nicht isoliert sein, gesehen werden, dabei sein, dazu gehören, nicht allein sein" wie Stehaufmännchen.

Ich schaue mir die aus Ytong gebaute Wand an: die Wand und ich: beide schön, distanziert, fehl am Platz. Ich habe keinen Blaumann.

Guter Rat - ist halb gewonnen

Leasing-Freunde

Freunde fürs Leben, das gab es einmal. Heute hat man Lebensabschnittsgefährten. Je kürzer der Lebensabschnitt, desto kürzer ist die Verweildauer bei diesem Freund. Immerhin ist diese Abhängigkeit im kybernetischen Sinne eine Gleichsinnigkeit, was nicht zu verwechseln ist mit der möglichen, wenn auch unwahrscheinlichen Gleichsinnigkeit der Beteiligten. Da hier nämlich oftmals eine Gegensinnigkeit vorliegt, macht es eben auch keinen Sinn, wenn die beiden länger zusammen bleiben. Darum beenden sie vielfach einen Lebensabschnitt und fangen einen neuen an. Manche schaffen es sogar, unzählig viele kleine Mikrolebensabschnitte mit verschiedenen Freunden auszufüllen. Es leuchtet ein, dass es sehr aufwendig ist und viel Kraft kostet, sich immer wieder von einem Freund zu trennen und einen passenden neuen zu finden.

In unserer heutigen Welt braucht man aber seine ganze Kraft für den Job. Das verträgt sich schlecht mit dem Kraftaufwand, den man bringen muss, um einen neuen Freund zu finden. Bei Autos und bei vielen technischen Großgeräten hat man bereits eine effektive Lösung gefunden, das Leasing. Es wird von den Kunden gerne angenommen.

Wäre es nicht eine zeitgemäße Neuerung, wenn man dieses Modell auch auf den Lebenspartner übertragen würde?

Man stelle sich vor, da hat man einen so schnuckeligen Typen kennen gelernt, mit dem man leidenschaftlich gerne sein gesamtes Deputat an Mußestunden verbringen möchte. Das kann man haben. Man muss nur auf sein Lebenskonto eine vereinbarte monatliche Rate einzahlen und schon kann man kuscheln, knuffeln und schnuckeln so lange man will.

Sollte sich jetzt aber die Situation grundlegend verändern, z. B. dadurch, dass man als Frau Karriere machen muss, dann bleibt ja nur noch eine kleine Menge an Freizeit übrig. So ein süßer, knuffliger Freizeitbär wäre dann nicht mehr angemessen, was jeder schnell einsieht. Was die emanzipierte Frau nun braucht, ist einen gewandten Managertypen mit eleganter Erscheinung und guten Manieren. Wäre unser Freizeitbärlein geleast, könnten wir es nach Vereinbarung zurückgeben, brauchten nur noch das zu bezahlen, was vielleicht kaputt gegangen ist und hätten dann eine uneingeschränkte neue Wahl. Für einen Managertypen wären die monatlichen Leasingraten natürlich etwas höher, aber eine Karrierefrau weiß eben, was man von ihr erwartet.

Da mitunter eine Karriere in die andere mündet, kann es sein, dass die Frau zu dem Zeitpunkt, zu dem sie ihren Managermann wieder zurückgeben muss, ihn noch dringend benötigt. Natürlich wäre das nach den üblichen Leasingverträgen überhaupt kein Problem! Vorausgesetzt sie hat immer pünktlich ihre Leasingraten bezahlt, braucht die Frau jetzt nur noch den Restwert des Partners zu begleichen. Und der ist normalerweise durchaus erschwinglich. Egal wie hoch er angesetzt wird, vom Psychologischen her ist es sehr vorteilhaft, wenn der geleaste Partner ihn exakt erfährt. Häufig ist es nämlich so, dass ein ausgeleaster Partner an seinem Wert überhaupt zweifelt. Eine schriftliche Bescheinigung über den eigenen Restwert wirkt oftmals Wunder.

Was sich die Frau vor der Restwertzahlung allerdings sehr genau überlegen sollte ist, dass sie ihren Partner nun für immer und ewig hat - ohne Rückgaberecht! Dennoch ist es in manchen Situationen durchaus angemessen, sich für das endgültige Verbleiben bei dem bislang Geleasten zu entscheiden. Zwar ist bei ihm nach längerem Gebrauch an manchen Stellen schon der Lack ab. Aber die clevere Frau kennt die solide Bauart und auch die anfälligen Stellen, kurz, die Frau weiß, was sie an ihrem Partner hat.

PS: Manche Geleasten finden das Leasing nicht gut. Sie

würden lieber auf die Einzahlungen auf das Lebenskonto verzichten und dafür dauerhafter Lebensgefährte sein. Die einzige denkbare Möglichkeit dafür wäre, dass sich unser knuffliger Freizeitbär zu einem gewandten Managertypen wandelt und dieser selbstredend sich zu einem selbstbewussten, einfühlenden Begleiter. Aber wie gesagt, dann müsste der Aspirant auf die Einzahlungen auf sein Lebenskonto verzichten und statt dessen sogar seinerseits investieren - nämlich Liebe?

Anmerkung: Die ganze Problematik und die Lösungsvorschläge sind ebenso relevant, wenn es sich um das Leasing einer Lebensabschnittsgefährtin handelt!

Ist hier jemandem etwas schleierhaft?

Wer sagt denn da, dass unsere Jugend schlecht sei? Zumindest sind die jungen Mädchen sehr schön. Ob sie nun schöner sind als früher, weiß ich nicht. Aber sie strotzen vor Unschuld. Ihre Unschuld ruht tief in ihnen, in ihrem noch knospigen Busen und, damit man das Ausmaß ihrer Reinheit auch ermessen kann, zeigen sie so viel davon wie möglich - von dem knospenden Busen - versteht sich!

Manch ein ahnungsloses Ding mag sich aber gefragt haben, wie das weitergehen soll mit der Verteidigung der Unschuld in solch schlimmen Zeiten wie heute! Da es allerdings nicht mehr Mode ist, sich den Kopf zu zerbrechen, sondern ganz einfach aus dem Bauch heraus zu entscheiden, benötigt dieser natürlich den notwendigen Spielraum dafür. Darum lässt man den Bauch heute frei, frei nach dem Motto: „Der Bauch ist frei geschaffen, frei und würd' er in Kleidern geboren!" So ist „bauchfrei" für alle kleinen Mädchen heutzutage ein Muss, denn wer will schon seine eigene Entwicklung behindern?

Unser männlicher Bevölkerungsanteil, sehr aufgeschlossen für die Schönheit der Natur, ist höchst erfreut über die dargebotenen Perspektiven, aber zugleich auch mächtig irritiert. Wer genießt nicht gerne solch einen schönen Anblick? Nur, wenn die Idee aufkommt, nicht nur den Anblick zu genießen, werden die kleinen unschuldigen Mädchen böse, funkeln mit den Augen, werfen Schimpf und Schande um sich und schlagen auch schon mal mit ihren reizenden, lackierten Fingerchen in Richtung des Bewunderers. Auch versuchen sie, große Schritte zu machen, für deren Gelingen sie natürlich vorgesorgt haben: sie tragen nur ganz kurze Röckchen, die den Schritt so wenig wie möglich behindern. Vor lauter Unschuld wissen sie ihre Unschuld nicht anders vor der schuldlastigen Welt zu verteidigen. Die Armen!!!
Aber auch unsere immer sehr liebevollen Männer rühren mich. Wie könnte man sie vor allzu großer Reizüberflutung schützen? Da fällt mir ein altbewährtes Mittel ein, dass ihnen sicherlich sehr gut tun und ihre innere Ruhe wieder herstellen würde: um nicht ausgeliefert zu sein an stark dosierte Reizangriffe sollten Männer Schleier tragen, schützende Schleier, starke Schleier, Schleier, die nur noch den Blick nach unten frei lassen, denn ihren Weg sollen die Männer ja noch finden!

Warnhinweise

Dieses hier ist ein Warnhinweis!
Wer diesen Text liest, könnte ins Nachdenken geraten. Nachdenken ist gefährlich! Nicht etwa, weil man sich dabei sprichwörtlich den Kopf zerbrechen könnte, nein, wegen ganz anderer schwerwiegender Folgen: Nachdenken lässt einen mitunter Zusammenhänge sehen, die einem vorher nicht zugänglich gewesen sind. Und davor muss

gewarnt werden! Möglicherweise zieht ein nicht Gewarnter sogar Konsequenzen aus dem Ergebnis seines Nachdenkens. Ein nachdenkender Mensch wäre sogar in der Lage, selber eine Situation zu beurteilen und sich auf Grund dessen anders zu verhalten als die Masse. Das wäre sicherlich nicht unbedingt zur Freude einiger religiöser und politischer Institutionen und Vereine. Die ziehen nämlich ihre Existenzberechtigung daraus, dass sie Erwachsene wie Kinder behandeln, sie bevormunden und behaupten, sie wüssten, was für sie gut und richtig sei. Die Menschen, die diesen Institutionen folgen, geben ihren Verstand bei ihnen ab, erleichtern sich so und brauchen sich nur noch führen zu lassen, ohne Eigenverantwortung und Selbstzweifel. „Die anderen sorgen schon für mich," sagen sie. „Unter dieser Prämisse treten die ja an. Sie haben dafür zu sorgen, dass es uns im Alter gut geht, dass wir einen zürnenden Gott durch unsere Bravheit, die natürlich auch der Institution zu gute kommt, beruhigen, und dass jede Treppe ein Geländer hat, da man ja selbst eventuell nicht die Gefahr sieht und herunter purzeln könnte."

Damit die denkbegabte Menschheit nicht allzu selbständig wird, werden ihr also vorausschauend so viele Entscheidungen abgenommen wie möglich und vor den Folgen eines eigenständigen Handelns gewarnt.

So scheint mir z. B. eine Warnung vor dem Betreten einer überschwemmten Strasse äußerst gelungen. Will man sich an einem leckeren Kakaotrunks laben, muss natürlich gewarnt werden vor hartnäckigen Flecken auf T-Shirts und Hosen. Wenn man die Klingeltöne eines Handys auf sehr laut stellt, wird man vor Hörschäden gewarnt. Gewarnt wird auch davor, den frisch aufgebrühten, kochendheißen Kaffee zu trinken, da man sich dabei – wie ungewöhnlich - verbrühen könnte. Warnung davor, eine Zeitung zu verschlucken, weil der Artikel unverdaulich ist oder Warnung vor dem Einatmen von Frischluft, da sie nicht vorher vom Umweltamt kontrolliert wurde, sind dringend erforderlich, stehen aber leider noch aus.

Ich frage mich allerdings ernsthaft, warum wir uns all diese Warnungen gefallen lassen. Sind wir wirklich so unselbständig, dass wir sie benötigen? Oder ist es die Versorgungsmentalität so vieler Menschen, für alles einen Schuldigen zu suchen, den sie für ihr selbst verursachtes Missgeschick belangen können?

Warum sucht man nicht die Schuld zuerst bei sich selbst? Vielleicht würde sich dabei herausstellen, dass man mit einem anderen Verhalten das Missgeschick hätte vermeiden können. Man würde auf diese Weise lernen - übrigens eine uralte Methode, durch die die Evolution über Jahrtausende hinweg vorangebracht worden ist!

Wenn nicht mehr auf diese Trial-and-error-Methode zurückgegriffen wird und auch das Nachdenken immer überflüssiger wird, sind die Möglichkeiten zu lernen für den einzelnen Menschen eingeschränkt und er bleibt dumm. Man braucht sich nur einmal umschauen, um zu erkennen, dass die Verdummung der Menschen schon sehr weit fortgeschritten ist. Ohne Eigenverantwortlichkeit wird ein Mensch immer die Versorgungsmentalität eines Kleinkindes behalten. Davor warne *ich* eindringlich.

Mit Blick auf die Wirkungen von Sprüchen, die man immer wiederholt und die schließlich in eine sich selbst erfüllenden Prophezeiung münden können - das heißt, dass genau das passiert, wovor ununterbrochen gewarnt wird -, ist das Leben mit so vielen Warnungen keineswegs ungefährlicher als ohne Warnhinweise.

Und außerdem, wo bleibt bei all den Gefahren, die uns immer wieder vor Augen gehalten werden, die Lebensfreude?

Also, hiermit spreche ich eine Warnung vor Warnhinweisen aus!

Lampenwahl

Es lohnte sich eigentlich nicht aufzustehen. Der Tag fing schon wieder genauso an wie schon seit zwei Monaten:

trist, traurig und trüb und völlig ohne Sonne. Man sollte sich eine Höhensonne besorgen, wenn schon die eigentliche Sonne sich schon nicht durchsetzen kann. All dies Gewölk, die Gräulichkeiten, die Tiefs drückten auf meine Stimmung. Ich nahm meine letzte Energie zusammen und überlegte, wie ich da Abhilfe schaffen könnte. Das war's! eine neue Deckenlampe musste her, eine taghelle Deckenlampe für das Wohnzimmer. Das schummrige Licht dort war ja nur die Fortsetzung von der Trübsal draußen.

Also fing ich an, mich schlau zu machen, welche Lampe für meine Zwecke in Frage käme. Und das war, wie sich schnell herausstellte, gar nicht so leicht. Da gab es hängende Kristallüster, nicht ganz unähnlich einem umgekehrten Weihnachtsbaum. Interessant waren auch die Möbiusbänder, bei denen man nicht heraus fand, wo das Licht anfing und wo es aufhörte. Die Dreiecke, die wie leuchtende Kuchenstücke aussahen, kamen nicht in Frage, da sie meinem Gewicht nachhaltig geschadet hätten. Besonders angetan hatten es mir die Spinnenleuchten. Von einer Stelle gingen viele Lichtbänder aus, die sich in jede Ecke des Zimmers zu verlängern schienen. Vielleicht konnte man damit auch jede Spinne entdecken? Eine Spinne mit vier zur Decke gebogenen Beinen fand dann auch meine volle Zustimmung.
Sie hatte 2300 Lumen. Das kannte ich bei Spinnen nicht. Sie hatten Punktaugen, behaarte Beine und Atemöffnungen. Was immer das auch sein sollte und davon gleich so viel? Man klärte uns auf: ein Zimmer von 21qm benötige eine Lampe mit mindestens 2100 Lumen. Wo man die denn unterbringen wolle. Ich könne die Lampen mit Gehänge nicht ausstehen! Lieber wären mir Lampen ohne Lumen. Der Verkäufer stutzte. Dann verzog sich sein Gesicht zu einem breiten Grinsen. "Das ist die Lichtmenge, die eine Lampe abgibt", meinte er. Früher verwendete man die Bezeichnung Watt, heute misst man

die Lichtmenge in Lumen. Ich war beruhigt und kaufte die Lampe.

Die Tatsache, eine Lampe zu besitzen bringt es noch nicht mit sich, Licht zu haben. Ich brauchte also einen Elektriker. Nicht etwa wegen der elektrischen Anschlüsse, sondern wegen seiner Hilti. Um allen Missverständnissen vorzubeugen: das war nicht seine Frau, sondern seine Bohrmaschine. Mit solch einer Bohrmaschine ließen sich sogar Löcher in Beton bohren, also auch in meine Wohnzimmerdecke. Ein Termin wurde vereinbart. Und der rückte näher. Und damit für mich die Entscheidung, an welcher Stelle denn genau die Lampe angebracht werden sollte. War das ein Problem? Ja, es war eins. Der Platz der alten Deckenlampe war ungeeignet. Die Stelle brachte ein Ungleichgewicht in die Deckenproportionen. Das war lange Jahre über der Fall gewesen. Besser wäre doch eine mehr mittigere Stelle. Dann könnten die Lumen sich gleichmäßig im Zimmer verteilen. Klar, so musste es sein. Der Handwerker kam und erledigte seine Aufgabe schnell, sauber und genau nach meinen Vorstellungen.

Und dann kam der Moment, der alles erleuchtete. Das Wohnzimmer auch, aber vor allem die wahren Lichtbedingungen in diesem Raum. Die Couch stand in einer Zimmerecke, die jetzt von dem mittigen Licht kaum erreicht wurde. Zum Lesen eines Buches hätte sich eine Stirnlampe angeboten. Dafür erstrahlte die Terrassentür in gleißendem Glanz. Sie schien der zentrale Punkt im Wohnzimmer zu sein, als wolle man jedermann darauf aufmerksam machen, dass es dort hinaus ginge. Auch unser selten genutzter Fernseher stach plötzlich sehr dominierend ins Auge. Das war also unser neues Licht. Ich verabschiedete den willigen Handwerker, legte mich auf die Couch und versank in eine Lampenmeditation. Ich hätte sie auf den Mond schießen wollen, diese Lampe. Die Vorrichtung dazu war ja anscheinend schon mitgeliefert worden: ein 1,50m langer Kabelkanal, der die ursprüngliche Dose mit dem neuen Platz der Lampe verband. Ein frustrierender Anblick. Und da half auch ein langes, auf Gewöhnung hoffendes Anschauen nichts. Das war eben voll daneben, wo die Lampe angebracht war, und da halfen auch nicht die schönsten Lumen.

Der Entschluss fiel mir nicht leicht, aber er musste noch einmal kommen, der Elektriker. Man konnte ihm nicht anmerken, was er dachte. Was ich dachte, musste man mir nicht anmerken, ich redete einfach punktlos darüber, wie ich mich geirrt habe, jetzt aber eine bessere Stelle für die Lampe gefunden hätte etc… Hatte ich das? Zwar hatte ich all meine Besucher der letzten Tage gefragt, wo ihrer Meinung nach der beste Platz für die Lampe sei, habe anschließend noch den Mittelwert gebildet unter Streichung der beiden Extremwerte und dann immer wieder meine Vorstellungskraft bemüht. Schließlich träumte ich des nachts von meiner Lampe. Sie tanzte mit ihren Spinnenbeinen an meiner Decke und zwar schneller und immer schneller, so dass die ganze Decke voller Lampen zu sein schien. An dem Morgen freute ich mich über mein Aufwachen. Gleich würde der Fachmann seine Arbeit beendet haben. Das Ergebnis würde sich also bald zeigen. Gespannt schaute ich zur Decke, als sei die Niederkunft sämtlicher Seraphin zu erwarten. Und strahlte! Die Lampe auch! Wir strahlten beide richtig. Wer nun die größere Lumenmenge abgab, konnte so schnell nicht ermittelt werden.

Alles eine Frage der Perspektive

Auf der Straße

Die Straße ist heute unser zweites Zuhause. Man zähle nur einmal die Stunden, die man dort verbringt. Aber inzwischen kann man ja auch von seinem Auto aus alles erledigen, was wichtig ist: Musik hören, sich über Politik, Wissenschaft und Fußball informieren, essen und trinken. Auch Arbeitsphasen mit Telefonieren und Diktieren sind möglich, eine ganz besondere Herausforderung beim Rückwärtsfahren oder beim gleichzeitigen Essen. Aber mal ehrlich, wer will sich schon solche Trainingsphasen entgehen lassen? Jeder weiß doch, dass man etwas dafür tun muss, flexibel zu bleiben.

Ebenso die Tendenz vieler Autofahrer, so schnell wie möglich zu sein, ist als Training zu betrachten. Sie ist auf die Erkenntnis zurück zu führen, dass *schnelle* Bewegungen Geschicklichkeit und Beweglichkeit sehr fördern. Viele Leute verstehen das nicht und schimpfen, wenn sie von hinten mit Lichthupe genötigt werden, einem Sprinter Platz zu machen. Welch ein Unverständnis! Haben Sie vielleicht schon einmal jemanden gesehen, der einem Jogger auf einem Waldweg nicht Platz machen will, nur weil er sich gerade in seiner Trainingsphase befindet?

Allerdings hat die Zahl der Autobahn-Jogger in letzter Zeit erheblich zugenommen. Zugegeben, eigentlich wird man ununterbrochen genötigt, Platz zu machen. Aber da der andere meinen Platz für sein Fitnesstraining braucht, will ich ihm nicht im Wege stehen. Der kleine Schlenker nach rechts macht mir doch nichts aus! Da ist jetzt allerdings ein LKW vor mir. Eine scharfe Bremsung würde mein Kreislaufsystem stark belasten. Darum fädele ich mich mit einem eleganten Schwung wieder in die linke Fahrspur ein.

Der nächste Blinker, der sich mir prompt danach von hinten nähert, macht mich keineswegs wütend. Nein, ich bin ihm dankbar, denn warum sollte ich nicht meinen gerade vollendeten Linksschwung übergehen lassen in einen genussvollen Rechtsschwung - um natürlich sofort wieder nach links zu schwingen wegen eines weiteren LKW auf der rechten Spur. Schwung links, Schwung rechts, Schwung links, Schwung rechts... Das gibt ein Gefühl wie beim Wellenreiten! Meine Autobahnfahrten dauern meistens so um die zwei Stunden. Zwei Stunden wiegendes Weichen in wogenden Wellen. Genau betrachtet wird einem so ein ganzer Urlaub am Meer ersetzt. Das ist ein Lebensgefühl!

Aber leider - oder zum Glück - gibt es nicht überall Autobahnen. Irgendwann landet jeder auf einer Landstraße, Bundesstraße oder gar in der Stadt. Die Ampeln, die einem von einer höheren Macht in den Weg gestellt werden, laden ein zum Innehalten und zu einer kurzen Besinnungspause. Wo hat man dazu in unser heutigen, hektischen Zeit sonst überhaupt noch Gelegenheit? Dankbar erreicht man das rote Licht und fängt gerade an, sein Biosystem auf Erholung umzustellen, da wechselt das Ding doch seine Farbe! Grün, ein zwanghaftes Grün bemächtigt sich des Verkehrsteil-nehmers und er muss weiter, getrieben von den Not-wendigkeiten unseres Verkehrssystems. Wie gerne hätte man noch einen Moment verweilt!

Mit diesem Wunsch ist man wohl nicht alleine, was mir durch einen laut brüllenden Motor zu meiner Linken deutlich wird. Meine Parallelmenschen zeigen mir, dass auch sie den Wunsch nach längeren, schöpferischen Ruhepausen in sich spüren. Sogar junge Männer, gerade der Schule entwachsen, scheinen in bezug auf Ruhe am bedürftigsten zu sein. Wieder überholt mich einer mit einem wirklich beachtlichen Tempo, um an der nächsten roten Ampel mit Vollbremsung zum Stehen zu kommen. Das nächste Grün wirft ihn zurück in den Verkehr und er gibt sich durch ein jugendliches Vollgas eine neue Chance zu einer langen Besinnungs- und Erholungsphase an der nächsten roten Ampel.

Da soll noch mal jemand etwas Schlechtes über unsere Jugend sagen! Die weiß schon, worauf es ankommt!

Das Leben ist schön

Es gibt Menschen, die überall in der Welt nur Schlechtigkeiten sehen. Und dabei weiß doch jeder, dass es soooooo viel Schönes und Gutes gibt! Ich z. B. könnte Ihnen auf Anhieb zahlreiche gute Erlebnisse erzählen. Womit fange ich denn am besten an? - - -

Sie können auch ruhig etwas erzählen, wenn Ihnen etwas einfällt. - - -

Vielleicht sollten wir noch einige Kollegen aus der Abteilung hinzuholen, damit der Ideenpool größer wird.

Ja, jetzt sind wir alle hier. Das ist doch schon mal etwas Gutes!

Navigationssysteme

So notwendig, wie die Luft zum Atmen brauchen viele Menschen die neuesten technischen Errungenschaften.

Potente und versierte Autofahrer z. B. statten ihr Auto sehr gerne mit einem Navigationssystem aus. Mag sein, dass man sich dann wie ein Straßenkapitän fühlt, wie einer, der bedeutend ist und viel zu sagen hat. Wo, bitte schön, kann man sich heute noch groß fühlen? In der Berufswelt wird ja von fast jedem ein Höchstmaß an Flexibilität, Anpassungsfähigkeit und Unterordnung erwartet! Da ist es doch gerade recht, wenn jemand in seinem eigenen Auto Kapitän ist und alleine was zu sagen hat.

Dieses kleine und individuelle Zentrum scheint aber neuerdings ins Wanken zu geraten und zwar genau durch Technik auf höchstem Niveau, durch die Satelliten, die die Navigationssysteme steuern. Nichts gegen die Satelliten. Aber ist es ihnen denn wirklich möglich anzuzeigen, wie man am besten ans Ziel kommt? Meistens kennt man doch die Strecke wie seine Westentasche, jede Abkürzung und jeden Holperstein!

Na bitte, was sagt die freundliche Computerdame da?

„Nach 50 Metern rechts abbiegen?"

„Nein, so nicht", sagt da der Fahrer in unserem Auto, „ich fahre geradeaus!" Die Stimme schweigt. Aber dann:

„Nach 100 Metern bitte rechts abbiegen".

„Nein", tönt es hinter dem Lenker, „ich will in diese Seitenstraße und dann erst auf die Umgehungsstraße!"

Die Computerdame scheint irritiert zu sein. Sie sagt nichts mehr, was der angeregten Unterhaltung der Beifahrer zu gute kommt. Meine Frage an den Fahrer, ob er denn mit seinem neuen Auto zufrieden sei, wurde dann doch wieder durch die Frequenz überlagernde Stimme aus der Navigation übertönt und sinnentfremdet.

„Nein", bricht es aus unserem tapferen Fahrer heraus, der offensichtlich im Stande ist, sämtlichen Anweisungen zu trotzen.

Ich spüre, wie sich aus meinem Inneren Zweifel an die Oberfläche arbeiten. Vielleicht habe ich da etwas falsch verstanden. Ich frage mich ernsthaft, ob das Navigationssystem zur Orientierung auf den Straßen dienen soll oder vielmehr einer persönlichen Ich-Stärkung. Wie oft habe ich das schon gehört: Du musst Nein-Sagen lernen! Vielleicht bietet diese Technik eine Navigationsmöglichkeit ins eigene Innere an. Selbstzweifel, Minderwertigkeitsgefühle und mangelndes Durchsetzungsvermögen werden attackiert in Situationen, in denen es kein Ausweichen gibt. Und Nein-Sagen kann man unterwegs stundenlang üben. Gegen dieses Dauertraining kommt keine Langeweile und kein Radiosender an! Wirklich eine segensreiche Erfindung, so ein Navigationsgerät!

Mir ist es schon passiert, dass ein Autofahrer neben mir an einer Ampel mit verzerrtem Gesicht und aufwendigem Armgefuchtel zum Stillstand gekommen ist. Ich hatte immer geglaubt, sein Verhalten habe etwas mit mir zu tun, was mich regelmäßig sehr betrübte. Heute weiß ich, dass er ganz einfach an seiner Ich-Stärkung arbeitet!

Vorgedrängelt

Bei bestimmten Telefonanbietern gibt es immer eine Warteschlange. Ich hatte mich schon darauf eingestellt und war es demnach zufrieden, dass nur drei Personen vor mir standen. Aber auch so war der Platz in dem kleinen Verkaufsraum beengt. Immer wieder suchte ein eiliger, sehr beschäftigter Mitarbeiter eine Lücke in der Schlange, durch die er am schnellsten zu den ausgestellten Handys, dem Büroraum oder zu seinem Arbeitsplatz gelangen konnte. Bei dieser Hektik entschloss ich mich, vor mir eine breite Passage frei zu lassen, um nicht immer zur Seite springen zu müssen.

Eine weitere Kundin betrat das Geschäft. Es war eine betagte, etwas einfältig wirkende Frau mit zerzaustem Haar. Sie schob sich mühsam vorwärts auf ihre breite Gehhilfe gestützt. Ein jeder machte ihr sofort bereitwillig Platz. Meine Lücke reichte ihr, um zu dem hintersten Arbeitsplatz eines Mitarbeiters zu gelangen. Dort wartete sie, aber nicht lange. Denn dieser Mitarbeiter war gerade frei geworden und fragte natürlich mit freundlichem Lächeln sofort nach den Wünschen der alten Dame. Ich bemerkte, wie mir eine etwas lautere Bemerkung über die Geschicklichkeit der Frau entwich. Beschämt schaute ich um mich, da mir die Respektlosigkeit des mir Entfleuchten bewusst wurde. Dabei gönnte ich es ihr doch, bei ihrer Gehbehinderung als erste bedient zu werden. Es war nur die Art und Weise, wie sie sich diesen Vorteil erobert hatte, zielstrebig und ohne die geduldig warteten Anderen zu fragen!

Aber warum ärgerte ich mich eigentlich? Sicherlich hatte diese Frau ein beschwerliches Leben hinter sich, ein Leben, in dem Zielstrebigkeit eine hohe Qualität war. So wie sie aussah, hatte sie wohl kämpfen müssen für ein paar Cent in der Tasche, gegen Übervorteilung, für ein bisschen Beachtung und gegen Gleichgültigkeit. So war ihr die Zielstrebigkeit in Fleisch und Blut übergegangen wie einem Pädagogen die belehrende Art. Und der Erfolg gab ihr Recht. Vielleicht sollte man sie als Vorbild wählen, statt sich über sie zu ärgern. Denn eine so große Auswahl an Vorbildern haben wir ja heute nicht mehr. Man könnte die Zielstrebigkeit ja in anders gearteten Situationen nutzen, wenn es z. B. darum geht, die dreckigen Hände nicht am Pullover abzuputzen, sondern sich zum Wasserhahn zu bequemen, um dort das Projekt „Säuberung der Hände" zur vollen Zufriedenheit abzuschließen.

Mir wurde langweilig beim Warten. Ich war drauf und dran zu gehen, um erst einmal beim Bäcker vorbeizuschauen. Da fiel mein Blick auf die unscheinbare Frau, die gerade zu einem neuen Frageschwall ausholte – und ich blieb. Ist nicht vielleicht doch alles nur eine Frage der Perspektive?

Gut vorgesorgt

Weißt du, was ich heute gesehen habe? Eine Sonnenbrille mit MP3-Player im Bügel! Genial, nicht wahr? Keine lästigen Kabel mehr und auch sonst nichts Auffälliges. Lehrer, die es nicht mögen, wenn man während des

Unterrichts Musik hört, werden so nicht mehr irritiert. Die Ohrstöpsel aus einem besonderen Schaumstoff sind winzig klein und liegen im Gehörgang versteckt. Dort blähen sie sich auf und füllen ihn schalldicht aus. Und jetzt wird Musik gehört ohne Störungen von außen, ohne das nervende Gequatsche von anderen und ohne unerwünschte Ohrenkneifer! Und das beste - unangenehme Anweisungen der Lehrer, Eltern etc... müssen nicht mehr überhört werden, sie werden gar nicht erst gehört!

Ja, diese neuartige Technik hat ungeahnte Qualitäten. Selbst die aggressivsten Jugendlichen werden friedlich und zahm. Denn in der Schule z.B. braucht man nicht mehr vor Langeweile zu stören. Man sitzt ruhig auf seinem Platz und lauscht – natürlich der Musik aus dem MP3-Player.

Hin und wieder ist es aber trotzdem nötig, sich ein bisschen zu bewegen, nämlich wenn man die Feinabstimmung der Musik justieren will. Dafür gibt es kleine Rädchen oder Knöpfchen am Brillenbügel. Man braucht schon einiges Geschick dazu. Erst einmal wollen diese kleinen Rädchen ertastet werden und dann muss man sie auch noch drehen. Nur maximal einen Millimeter vorwärts oder rückwärts, dazu gehört schon eine geschulte und differenzierte Feinmotorik. Aber früh übt sich, was ein Meister werden will. Mit ein bisschen Training hat man das schnell im Griff! Das beste Beispiel dafür ist die Geschwindigkeit, mit der unsere Jugendlichen heutzutage auf ihrem Smartphone schreiben können. Alles reine Übungssache!

Was man so früh gelernt hat, das sitzt dann aber auch, sogar noch im Alter. Was sage ich, im Alter? Schon nach kürzester Zeit wird die Schulung der Feinmotorik unseren Jugendlichen Vorteile bringen, nämlich dann, wenn sie ihr erstes Hörgerät brauchen. Viele Jugendliche haben ja schon bevor sie ins Erwachsenenalter kommen massive Hörprobleme. Die laute Musik, die sie sich in die Ohren knallen, führt zu irreparablen Schäden! Nein, nicht am MP3-Player, an den Sinneszellen im Innenohr! Und dann

wird eben ein Hörgerät benötigt. So ein Hörgerät, das sich im Bügel der Brille befindet und dazu winzig kleine Ohrstöpsel aus einem speziellen Schaumstoff besitzt, die den Hörgang vollständig abdichten. Die jungen Erwachsenen können gar nicht erst aus der Übung kommen. Es wird einen fließenden Übergang geben vom MP3-Player hin zum Hörgerät. Von außen wird man überhaupt keinen Unterschied wahrnehmen. Wenn man wissen will, welches Gerät der Stöpselträger benutzt, müsste man ihn schon fragen:
„Hörst du noch oder piepst's bei dir schon?"

Zufälle, gibt es die?

Die nächste Ausgabe von Charlie Hebdo, darauf waren alle gespannt. Da ich auf jeden Fall eine ergattern wollte, ging ich einige Tage vor dem Erscheinen dieser Zeitung zur Bahnhofsbuchhandlung. Ich rechnete mir dort die größten Chancen aus, eine zu bekommen. Der Verkäufer hinter dem Tresen machte mir allerdings wenig Hoffnung. Er würde am Samstag nur ganz wenige Exemplare geliefert bekommen. Geöffnet habe der Kiosk ab halb sechs, setzte er noch mit einem etwas zweideutigen Lächeln nach.
Diese Voraussetzungen sprachen mich nicht sonderlich an und ich verzichtete auf eine Fahrt zum Bahnhof am Samstagmorgen um 5 Uhr.
Allerdings hatte ich noch eine Chance. Ich hatte davon gehört, dass noch einige Millionen Exemplare zusätzlich gedruckt werden sollten.
Zufällig war ich an dem Mittwochmorgen, als sie auf den Markt kommen sollten, in der Nähe des Bahnhofs. Zielstrebig steuerte ich auf die Bahnhofsbuchhaltung zu und verkniff mir sogar einen kurzen Abstecher zum Briefkasten. Dort angekommen sah ich, wie ein Kunde

gerade eine Charlie Hebdo über der Tresen reichte, um sie zu bezahlen.

Ja, so eine Zeitung wolle ich auch gerade kaufen, sagte ich. Wo liegt sie denn?

Der Käufer deutete auf einen leeren Platz im Regal.

Aber diese hier - und er zeigte auf sein Exemplar - ist die letzte.

Mir entwich ein trauriges Ooooh!

Im selben Moment sagte der Verkäufer an der Kasse: Aber das hier sind zwei!

Ooooh, kommentierte jetzt der Käufer und ich sagte schnell: die zweite Zeitung ist für mich!

Alle lachten und ich war glücklich über meinen Erfolg.

Merkwürdiger Zufall!

Verstehen Sie Spaß?

Bitteschön, da war sie ja, die passende Parklücke. Und dabei war es gerade hier sonst nicht so leicht, eine zu finden. Ich hatte Glück. Na fein. Ich setzte mein Auto parallel zum Vordermann und fuhr rückwärts auf den freien Platz so wie ich es immer machte.

Kurz bevor ich mit meinem Manöver fertig war, fuhr ein Polizeiauto an mir vorbei Richtung Bahnhof. Ich beendete mein Einparken und staunte nicht schlecht, als besagtes Polizeiauto rückwärts fuhr und tatsächlich genau neben meinem hielt. Die Polizistin, die nicht ganz auf meiner Höhe war, kurbelte ihr Fenster herunter, was mich neugierig machte. Ich blickte sie fragend an, worauf sie mir eröffnete:

"Sie haben das vordere Auto beim Einparken gestreift. Ich habe es genau gesehen, als wir hier vorbei fuhren."

Es verschlug mir kurz die Sprache, hätte ich doch sicherlich davon etwas merken müssen. Außerdem war die Parklücke gar nicht so eng und eingeparkt hatte ich schon tausendmal.

"Ich schaue mir das mal an" hörte ich die Polizistin sagen.

Wir stiegen aus und da ich mir absolut sicher war, das Auto nicht gestreift zu haben, sagte ich zu ihr:

"Wissen Sie was? Sie können gerne noch ein bisschen schauen, ich gehe derweil schon mal einkaufen."

"Sie bleiben hier!", explodierte die Polizistin.

Nun denn, ich blieb. Die Dame ließ sich auf die Knie nieder und fing an, die Stoßstange des besagten Autos zu untersuchen. Da, da hatte sie was gefunden. Gegenüber von meinem Nummernschild war der graue Dreckbelag verwischt. Das war der Beweis! Da ich mir mehr als sicher war, dass dieser Abrieb nicht durch mich verursacht war, schaute ich genau hin und stellte fest, dass ich es gar nicht gewesen sein konnte! Die Umrandung meines Nummernschildes war erhaben und der Abrieb lag tiefer. Sofort war der 2. Polizist, der den Wagen gefahren hatte, mit einem Zollstock zur Stelle. Und siehe da, die Stelle lag tiefer. "Der Bürgersteig hier ist geneigt", meinte der kluge Mann.

Ich meinte gar nichts mehr. Die Polizistin ihrerseits fing nun an, mich über Fahrerflucht zu belehren, ein Vergehen, dass mir teuer zu stehen kommen könnte. Ich machte einen weitern Versuch, ihr klar zu machen, dass ich bei meinem Manöver gar nicht an die besagte Stelle haben kommen können. Und außerdem, wie konnte sie aus dem Winkel beim Vorbeifahren so genau sehen, dass ich das andere Auto berührt hatte? Und zum wiederholten Male sagte ich ihr, dass ich mir zu mehr als 300% sicher sei, das Auto nicht touchiert zu haben.

Die Polizistin hielt mich für starrsinnig oder zumindest für unfähig, ihrer Argumentation folgen zu können und fragte mich, wie es mir wohl gehen würde, wenn jemand mein Auto beschädigen und dann einfach davon fahren würde. Derweil war ihr Begleiter aktiv geworden und verlangt von mir meine Papiere. Er müsse den Unfall aufnehmen. Die Unfallaufnahme war umfangreich und die Zeit kam mir recht lang vor. Schließlich war wohl alles notiert, da sprach der Protokollant zu mir

"Ich kann Ihnen ein Bußgeld von 35,- € anbieten."

Dabei blieb meines Erachtens offen, wer wem was zahlen sollte. 35,- € Schmerzensgeld für mich, war das gemeint?

In dem Moment kam aus dem Geschäft gegenüber ein älterer Herr.

"Ist das Ihr Auto?", wurde er sofort gefragt.

Ja, das sei sein Auto.

Ja, dann möge er sich doch einmal diese Stelle ansehen.

Der Mann bückte sich und fuhr mit seinen Fingern über die angebliche Beschädigung. Er machte es ein zweites Mal, auch etwas darüber und darunter und größerflächig und sagte:

" Nein, da ist nichts."

Ich hatte regungslos dabei gestanden. Als er das sagte, fiel mir ein großer Stein vom Herzen und ich sagte nur noch "Danke".

Die besorgte Ehefrau hatte ihrem Mann den Mantel nachgetragen und bat ihn nun, ihn auch anzuziehen. Dann gingen sie zügig wieder zurück in die warmen Räumlichkeiten des Geschäfts.

Der Polizist, der neben mir stand, meinte:

"Vielleicht geben Sie mir noch Ihre Telefonnummer für den Fall, dass der Unfallbeteiligte noch Fragen hat."

Ja, dazu war ich noch bereit. Aber, kaum zu glauben, mir fiel meine eigene Telefonnummer nicht mehr ein, sie kam einfach nicht in meinen Kopf! Der Polizist verzog sein Gesicht ungläubig und setzte nach.

"Vielleicht die Handynummer?"

Ja, sagte ich und rasselte sie herunter.

Ohne weitere Worte verzog sich daraufhin die doppelte Polizei in ihr Auto und ich begab mich in das nächste Geschäft, wo ich erst einmal eine Viertelstunde durch die Gänge ging, ohne etwas um mich herum wahrzunehmen.

Es hat wirklich viel Spaß gemacht.

Abstandkameras

Da steh ich mit meinem Auto auf einem großen Parkplatz. Gerne würde ich rückwärts raus fahren. Aber das geht nicht! Wenn ich die Rückfahrkamera einschalte, piepst der Sensor ununterbrochen und sogar rasend schnell. Normalerweise heißt das, ich bin nur wenige Zentimeter von einem Zusammenstoß entfernt - und das, obwohl ich mich nicht von der Stelle bewege! Da müssen sich bewegliche Dinge direkt hinter meinem Auto befinden und davon nicht wenige! Ja, es sind Menschen, die auf dem Weg zum Einkaufen sind oder ihn gerade hinter sich haben, mit vollgepacktem Warenkorb. Dabei ist ihnen offensichtlich mein Auto im Weg. Eine Abkürzung für sie führt direkt hinter meinem Kofferraum vorbei. Sehen sie denn nicht die Rückleuchten an meinem Auto, die schon eine ganze Weile leuchten? Wahrscheinlich schon, aber sie interessieren sich nicht dafür! Soll ich doch warten, bis sie vorbeigelaufen sind! Und so denkt jeder. Und so laufen sie und laufen sie, ohne auch nur im Geringsten zu respektieren, dass ich aus der Parklücke hinaus fahren möchte. Schon sehr beeindruckend, diese Szene: jeder ist nur daran interessiert, was er selbst möchte - einschließlich meiner Person! Ich muss lachen.

Und so stehe ich mit meinem Auto auf meinem Parkplatz und warte, bis die Sonne langsam untergeht, die Tageshektik von meinen geliebten Mitbürgern abfällt, die meisten schon zuhause angekommen sind und auch ich schließlich die Möglichkeit habe, heim zu fahren.

Zwischenzeitlich hatte ich viel Zeit, über die Mentalität meiner Mitmenschen nachzudenken und den Entschluss zu fassen, demnächst einige CD's mehr mitzunehmen, wenn ich zum Einkaufen fahre.

Bühnenreif

Starke Theaterplätze

Frau Anders: Theaterkarten gibt es von nun an nur noch an der Abendkasse!
Hast du das gelesen? Merkwürdige Regelung! Sicher wieder eine Sparmaßnahme!

Frau Brüski: Wir versuchen aber trotzdem, heute Abend Karten zu bekommen. Schließlich wird die "Eingeklemmte Krake" von Mollich gespielt. Das Stück soll ja sehr amüsant sein!

An der Theaterkasse.

Frau Wagemut: Bitte meine Damen und Herren, kommen Sie hierher. Sie brauchen sich dort nicht anzustellen. Gehen Sie nur hier über die Waage, dann erhalten Sie sofort Ihre persönliche Theaterkarte.

Frau Anders: Über eine Waage gehen, was sind denn das für Methoden? Was soll der Blödsinn? Dass ich ein paar Kilo zuviel auf den Rippen habe, weiß ich. Aber ich will nicht mein Gewicht wissen, sondern die Aufführung sehen. Na, jetzt scheint es sogar ein bisschen schneller voran zu gehen als sonst in einer Schlange. Aber kannst du mir sagen, was das Gewicht mit der Aufführung zu tun hat?
Die lassen sich ja komische Dinge einfallen.

Frau Brüski: Unter Umständen hat das ja wirklich etwas mit dem Stück "Die Eingeklemmte

Krake" zu tun. Vielleicht fühlen sich heute viele Menschen eingeklemmt, nur weil sie zu dick sind. Und dabei ist das doch ganz normal! Schau dich doch um, dann siehst du es! Ungefähr die Hälfte aller Besucher hier ist zu dick.

Frau Anders: Ach komm, lass uns einmal sehen, welche Plätze wir haben. Ich habe Reihe 8, Platz 26.

Frau Brüski: Ich habe Reihe 8, Platz 27A. Merkwürdiger Platz. Haben die die Nummerierung geändert? Na ja, wir werden sehen.

Die beiden Damen geben ihre Garderobe ab und betreten den Theatersaal.

Frau Anders: Hier ist die Reihe 8.

Frau Brüski: Ja, lass uns schon auf unsere Plätze gehen.

Frau Anders: Platz 26? Hier.

Frau Brüski: Platz 27A, da sitzt schon jemand! Ein sehr netter Herr, etwas zu dick vielleicht. Aber was soll's, er sitzt auf meinem Platz! "Entschuldigen Sie, ich glaube, Sie sitzen auf meinem Platz."

Herr Gallus: Ich habe Nr. 27, das hier ist mein Sitz. Sehen Sie, das ist völlig richtig. Darf ich einmal wissen, welchen Platz Sie haben?

Frau Brüski: Platz 27A

Herr Gallus: Ja, wissen Sie, das ist auf meinem Schoß. Bitteschön nehmen Sie doch Platz.

Frau Brüski: So eine Unverschämtheit, und ich habe Sie im ersten Moment für einen netten Mann gehalten!

Herr Gallus: Ja haben Sie das nicht in der Zeitung gelesen? Die Theaterdirektion will auf diese Weise mehr Sitzplätze schaffen. Sie haben sicherlich auch davon gehört, dass die Stadt die Zuschüsse für das Theater drastisch gekürzt hat. Wenn jetzt jeder Platz doppelt besetzt wird, können die Theaterkarten sogar billiger verkauft werden. Ist Ihnen das nicht aufgefallen?

Frau Brüski: Das darf doch nicht wahr sein! Da soll ich mich bei einem wildfremden Mann auf den Schoß setzen, damit ich die Theateraufführung anschauen kann?

Frau Anders: Ach Kati, auf meinem Platz sitzt niemand. Setz dich erst einmal hierhin und beruhige dich. Da liegt mit Sicherheit ein Missverständnis vor.

Frau Brüski: Ja danke.

Herr Großfan kommt in die Reihe 8 und bleibt vor dem Sitz 26 stehen.

Herr Großfan: Das hier ist doch Nr. 26, nicht wahr? Ich habe die Karte Nr. 26A, sehen Sie? Darf ich nun auf Ihnen Platz nehmen, meine Dame?

Frau Brüski: Um Himmelswillen, wo denken Sie hin? Sie würden mich schmales Handtuch ja zerquetschen! Und ganz abgesehen davon. Sie wollen doch nicht wirklich..?

Herr Großfan: Ja, das ist merkwürdig. Das neue Platzvergabesystem sieht vor, dass die Platznummern ohne A, also die Direktsitzer, nur an etwas kräftiger gebaute Mitbürgerinnen und Mitbürger vergeben werden. Die leichteren Personen erhalten die Schoßnummern. Um diesbezüglich sicher zu gehen, steht ja auch die Waage an der Theaterkasse.

	Jeder soll schließlich einen wirklich komfortablen Platz erhalten.
Frau Anders:	Wirklich genial! Kati, du sitzt ja auch auf meinem Platz!
Herr Großfan:	Sehen Sie, dann stimmt es ja, was ich sagte. Darf ich mich nun endlich auf Ihnen niederlassen. Das Stehen strengt mich sehr an. Schauen Sie, dort drüben, meine Frau scheint sich sehr wohl zu fühlen auf dem Schoß von Herrn Wimpel, unserem Anlageberater. Also, sollen wir es nicht einfach mal versuchen?
Frau Anders:	Aber wenn ich Sie sitzen lasse, dann kann ich ja gar nichts mehr sehen.
Herr Großfan:	Keine Sorge, meine Dame, dafür habe ich vorgesorgt. Vorne an der Kasse kann man diese kleinen Röhrchen kaufen. Man schiebt sie einfach rechts oder links an seinem Aufsitzer vorbei und schaut dann durch sie durch. Da in dem Röhrchen ein Vergrößerungsglas steckt, kann man über diese kleine Öffnung die ganze Bühne sehen.
Frau Anders:	Da soll noch einer durchblicken!

Verantwortungsbewusster Geldautomat

Sich heutzutage Geld aus einem Automaten zu ziehen, ist eigentlich keine Besonderheit mehr.
Meistens erhält man ja auch sein Geld. Vielfach bekommt man es, obwohl das Konto schon längst geplündert ist.
Das kostet - das kostet Zinsen. Und wer bezahlt die schon gerne!

Die neueste Erfindung ist ein Geldautomat mit einem realistischen Verantwortungsbewusstsein. Er regt das Nachdenken der Geldabholer an und vermeidet unter Umständen zu große, überzogene Abbuchungen.

Natürlich kann der neue Typ von Geldautomat sprechen. Das erleichtert die Kommunikation ungemein.

Ein Gespräch zwischen dem Geldautomaten und einem Kontoinhaber könnte ungefähr so ablaufen:

Automat: Guten Tag Herr Münzfrei! Sie möchten
                     Geld von Ihrem Konto abheben?
Herr Münzfrei: Ja, ich hätte gerne 300 €.
Automat: Haben Sie sich das gut überlegt? Sie
                     haben ja gestern erst 200 € abgehoben!
Herr Münzfrei: Ja, ich habe mir das gut überlegt.
Automat: Wofür brauchen Sie das Geld überhaupt?
Herr Münzfrei: Ich möchte einen DVD-Player kaufen.
                     Aber warum fragen Sie so etwas?
Automat: Sie sehen sehr blass aus, Herr Münzfrei.
                     Haben Sie nicht gut geschlafen? Wir
                     dürfen nur Geld an ausgeschlafene Leute
                     herausgeben. Das ist die Vorschrift!
Herr Münzfrei: So ein Blödsinn! Nun geben Sie mir
                     schon endlich mein Geld!
Automat: Auf Ihrem Konto sind nur noch 71,82 €.

	Das reicht nicht. Sie könnten das Geld gut spenden. Dafür reicht jede Summe.
Herr Münzfrei:	Verflixt noch mal, ich will kein Geld spenden, ich brauche Geld zum Einkaufen!
Automat:	Das brauchen andere auch. Wenn Sie ausgeschlafener wären, würden Sie das verstehen.
Herr Münzfrei:	Ich bin ausgeschlafen, sogar so ausgeschlafen, dass ich Sie gleich, mit Verlaub eintrete!
Automat:	Das rate ich Ihnen nicht, denn dann könnte ich Ihnen das Trostpflaster nicht geben, mit dem Sie dekorativ Ihr Portemonnaie zukleben können. Welche Farbe wünschen Sie?
Herr Münzfrei:	Ich will kein Trostpflaster, ich will Geld! Dazu sind doch solche Automaten da!
Automat:	Also in Gelb. Wünschen Sie die Ausführung "Deko", "Smiley" oder "Lacoste-Krokodil"?
Herr Münzfrei:	Mein Geld will ich! Nun rücken Sie das endlich raus. Was soll das ganze Getue überhaupt? Das kostet mich alles nur Zeit!
Automat:	Also "Lacoste". Ich dachte es mir schon. Die Ausgabe erfolgt in wenigen Sekunden. Auf Wiedersehen!
Herr Münzfrei:	Das ist ja zum Wahnsinnigwerden! Tatsächlich, da kommt das Trostpflaster heraus! Wo gibt es denn so was?
Nächster Kunde:	Zeigen Sie mal her. Wahnsinn, so schöne Aufkleber gibt es hier gratis dazu? Ja, sehr kundenfreundlich, diese Automaten!

Mac Drive

Hunger! Mit dem Auto unterwegs auf der Landstraße und nichts zu essen. Und das am Samstagnachmittag. Eine lange Rast war nicht eingeplant. Also, wo konnte ich etwas Essbares herbekommen?

Ah, dachte ich, da gibt es doch Mc Donalds. Die machen doch Reklame mit Mac Drive! Also nichts wie hin.

Das nächste Lokal war schnell gefunden. Ich fädelte mich ein in die Spur, links, wie ungewöhnlich, aber egal. Ich näherte mich einem offenen Schalter, aus dem eine Frau herausschaute. Dort schien es etwas Essbares zu geben. Aber, kaum angekommen, belehrte mich die junge Dame, dass ich zurücksetzen müsse. Ihr Schalter sei nur für die Ausgaben der Speisen gedacht. Zum Bestellen sei der erste Schalter da. OK, also zurück.

Als ich den anderen Schalter im Rückwärtsgang erreichte, öffnete sich sein Fenster und ein gesund aussehendes, gebräuntes Gesicht strahlte mich an. Hungrig sagte ich meinen Spruch: „Ich hätte gerne einen Mc Drive". „Einen was?" fragte der Verkäufer ungläubig. Mit Nachdruck kam es erneut über meine Lippen: „Einen Mc Drive". „Den gibt es nicht", wurde mir zu meiner Verblüffung gesagt. „Ja, aber warum denn nicht, das steht hier doch überall", sprudelte es aus mir heraus. „Ja", sagte das freundliche Gesicht, und seine Mundwinkel näherten sich seinen Ohren, „das ist eine Bezeichnung für unseren Service, das ist nichts zu essen". Irritiert fragte ich: „Was kann ich denn hier zu essen kaufen?" „Einen Doppelten Cheeseburger z.B., Hähnchen-Nuggets, einen ...., .. und einen TS". Nun, vorstellen konnte ich mir unter all dem Genannten nichts. Darum entschied ich mich schnell für das zuletzt Genannte, einen TS. Der Schwarzhaarige war zufrieden, verlangt das Geld und verwies mich auf den nächsten, mir schon bekannten Schalter. Dort sollte ich nun endlich etwas bekommen. Der Hunger wühlte schon kräftig in meinem Magen.

Die aber eben noch so freundliche Frau reckte ihren Hals mir weit entgegen und der Kummer stand ihr ins Gesicht geschrieben. „Wir haben leider keinen TS mehr, bitte fahren Sie hier an die Seite. Es dauert nicht lange, ich mache Ihnen einen fertig." Brav fuhr ich auf den angewiesenen Parkplatz. Es amüsierte mich, dass ich in diesem offensichtlich so durchorganisierten System ganz ahnungslos auf eine Schwachstelle gestoßen war. Dabei war es mir ja völlig egal, welches von den mir alle unbekannten Gerichten ich nun wirklich zu essen bekommen sollte. Aber ausgerechnet das, was ich mir ausgesucht hatte, war nun ausgegangen.

Es dauerte wirklich nicht lange, da kam die freundliche Frau aus ihrem Schalter heraus und brachte mir persönlich – diesmal wieder glücklich strahlend – meinen TS.

Und was war das nun? Ein Hamburger mit einer Tomatenscheibe und einem Blatt Salat. Aufgeklärt und hungrig biss ich in das saftig, warme Gebilde – und Wohlbefinden breitete sich aus in mir.

Wo ein Wille ist, ist auch ein Weg

Karl kommt nach Hause. Anna sitzt in ihrem Schaukelsessel. Beide sind so um die 60 Jahre.

K: Ich habe dir etwas mitgebracht.
A: Zeig mal her!
       Eine CD mit Vogelstimmen. Das ist schön, da
       kann ich nun endlich herausfinden, welche Vögel
       bei uns im Garten singen. Ein schönes Geschenk.
       Danke! Ich wollte schon immer an einer
       Vogelstimmenexkursion teilnehmen. Aber ich
       hatte bisher keine Gelegenheit dazu.
K: Aber du bist doch jetzt im Ruhestand!

A: Ja, aber ich schlafe doch so gerne. Ich habe immer gedacht, wenn ich älter werde, könnte ich morgens nicht mehr so gut schlafen. Das wäre dann die Gelegenheit, an einer ornithologischen Wanderung teilzunehmen, denn dafür muss man ja wirklich früh aufstehen. Aber wie mir scheint, bin ich wohl noch nicht älter. Ich schlafe wie ein Murmeltier. Zu meiner Vogelstimmenexkursion werde ich wohl nie kommen!

K: Vielleicht können wir uns morgen Nachmittag die CD einmal anhören. Wir haben doch sonst morgen nichts vor, oder?

A: OK, darauf freue ich mich schon.

Am folgenden Nachmittag sitzen beide vor ihrem CD-Player und lauschen den geträllerten Melodien. Karl hält die Fernsteuerung in der Hand.

A: Ich höre gar nichts. Mach´ mal etwas lauter.

K: Ja, und ich öffne mal die Terrassentür, dann können wir die Melodien immer mit den echten Vogelstimmen vergleichen.

A: Gute Idee!
Aber ich kann die Stimmen nicht auseinanderhalten. Schalte mal den CD-Player kurz stumm.

K: So viele Stimmen und Melodien. Wie kann man sich die überhaupt einprägen?

A: Hörst du, der Vogel draußen lässt zwischen den kullernden Lauten im 2.Teil seines Gesanges immer lange Pausen, das titschi, titschi dagegen macht er ganz schnell hintereinander. Das kann also nicht der Vogel sein, den wir gerade von der CD hören. Wie heißt der überhaupt?

K: Dass du eine Tonfolge so differenziert hören kannst! Da, jetzt höre ich auch eine klare Melodie.

Ich höre sie schon zum 4. Mal! Die kann ich mir gut merken.

A: Ja, das ist das Telefon von oben!

K: Mit der Nummer auf dem Display des CD-Players kann ich doch den Namen des Vogels im Begleitbuch nachschauen. Ist das da nicht eine 6 - oder vielleicht doch eher eine 8 auf dem Display? Ich kann das so genau nicht sehen. Meine Brille ist schon wieder zu schwach.

A: Moment noch, ich brauche immer einen Augenblick, um die Zahlen scharf zu sehen. Warte, ich kann das schon, es dauert nur ein bisschen. Mit meiner Kontaktlinse bekomme ich das schon hin. Augenblick noch, ich glaube es ist eine 6!
Oh, jetzt singt der Vogel draußen nicht mehr. Hast du dir die Melodie gemerkt? Ich habe mich so sehr auf die Zahl konzentriert, dass ich die Vogelstimme nicht behalten konnte.

K: Du hast doch ein Fernglas. Hol doch das Fernglas. Damit kannst du dann die Nummern am CD-Player ganz schnell scharf sehen. Dann wissen wir doch sofort, um welchen Vogel es sich handelt - auf der CD!

A: Das ist eine Superidee! Und vielleicht können wir das Fernglas ja auch ganz nebenbei benutzen, den entsprechenden Vogel im Garten zu sehen, wenn man ihn denn nun im Blätterwerk der Bäume ausmachen kann!

K: Hört sich das nicht an wie eine Goldammer? Die haben wir doch gerade auch auf der CD gehört.

A: Glaube ich nicht, die brauchen große, freie Flächen. Hier im Gebüsch ist ihnen das bestimmt zu eng. Aber ein Grünfink könnte das sein. Sehr abwechslungsreich, diese Melodie und dann dies gedehnte "dscheeh".

K:	Ich komme mir auch vor wie ein Grünfink! Keine Ahnung von dem, was du da erzählst.
A:	Lass uns mal den Grünfink auf der CD anhören.
K:	Immer mit der Ruhe! Hast du gesehen, jetzt ist er weggeflogen. Ich höre ihn auch nicht mehr.
A:	Die Melodie habe ich auch schon wieder vergessen. Vielleicht sollte ich sie immer sofort auf den Klavier nachspielen, wenn ich sie noch frisch im Ohr habe.
K:	Du kannst es ja mal versuchen.
A:	Wie fängt der Vogel an, mit der Note F oder mit G? Und dann kommt ein Sprung nach oben, vielleicht eine Terz? Das Ganze 3x. Der langgezogene Mittelteil geht über mehrere Töne hinweg. Nein, das hört sich ganz anders an als der echte Vogelgesang! So geht es also auch nicht!
K:	Doch, das hörte sich schon gut an. Nur müsstest du den Vögeln beibringen, in einer Tonart zu bleiben und möglichst wenig Gis und Cis zu verwenden. Dann fällt dir das Nachspielen leichter.
A:	Ja, du hast wohl einen Vogel, einen Vogel mit Fernbedienung!
K:	Ganz schön anstrengend, du und deine Vogelstimmen. Vielleicht sollten wir uns doch für die nächste Exkursion bei der VHS anmelden!

Der neue Personalausweis

A:	Guten Tag, ich möchte gerne meinen Personalausweis verlängern lassen.
B:	Personalausweise werden heutzutage nicht mehr verlängert. Aber ich kann Ihnen einen neuen ausstellen. Er wird in ungefähr 4 Wochen fertig sein. Die Gebühr können Sie jetzt schon bezahlen.

A: Ich habe aber kein Interesse an einem neuen
       Personalausweis! Ich würde gerne den alten
       behalten. Und dann soll ich auch noch für etwas,
       das ich nicht haben will, bezahlen?

B: Ja, das ist einfach so. Außerdem benötige ich
       noch ein Passfoto von Ihnen, neueren Datums,
       versteht sich.

A: Aber ich habe kein neues Passfoto.

B: Gleich hier im Flur haben wir einen Automaten,
       der zwar nicht schöne, dafür aber absolut aktuelle
       Passfotos macht.

*Mein Glücksgefühl über diese zwei beeindruckenden
Informationen muss mir wohl im Gesicht gestanden haben.
Es war dann auch deutlich auf den Passfotos zu sehen, die
alles andere als schön waren. Ich ging zurück an den
Schalter und gab das Foto ab, auf dem ich am wenigsten
nach der meistgesuchten Terroristin aussah.*

B: In Ihrem alten Personalausweis steht bei der
       Augenfarbe "grau". Möchten Sie, dass ich wieder
       "grau" eintrage oder lieber "blau" oder vielleicht
       "graublau"? Ich finde, dass Ihre Augen eigentlich
       blau sind.

A: Ich wusste nicht, dass sich meine Augenfarbe je
       geändert hat. Aber meinetwegen können Sie
       diesmal "blau" eintragen. Im übrigen hat auf
       meinem früheren Ausweis schon "grün"
       gestanden, da Ihre Kollegin mich von meiner
       grünen Augenfarbe zu überzeugen wusste.

B: Und was soll ich bei der Größe angeben? Ist die
       1,70 m geblieben?

A: Ehrlich gesagt, ich habe lange nicht
       nachgemessen. Aber es hat auch noch nie jemand
       danach gefragt, wenn ich den Personalausweis
       vorzeigen musste.

B: Ja, aber es könnte doch vorkommen, dass es z.B. nach einem Verkehrsunfall nötig wäre, Sie zu identifizieren. Dazu wäre die Größenangabe sehr wichtig.

A: Sie meinen so einen Verkehrsunfall, der einen bis zur Unkenntlichkeit entstellt? Und Sie glauben tatsächlich, die Größe sei ein unveränderliches Kennzeichen und außerdem noch resistent gegen Unfälle? Ich muss zugeben, bislang habe ich meine Größe unterschätzt!
Halten Sie mich für zu risikofreudig, wenn ich, ohne nachzumessen, einfach wieder 1,70 m angebe?

Aber dann habe ich da doch noch eine Frage: Brauchen Sie vielleicht meine neue Adresse, oder ist die im Falle eines Verkehrsunfalls nicht so wichtig, ich meine, wenn man sowieso nicht mehr zu identifizieren ist?

Nonsens mit Hintersinn

Sackgasse

Wenn man in einer Sackgasse ist, geht es nicht weiter. Aber meistens gibt es einen Wendeplatz.

Abgesehen davon ist noch nie jemand in einer Sackgasse steckengeblieben, denn man braucht sich ja nur mit einer halben Drehung um die eigene Achse zu drehen – rechts- oder linksdrehend ist in diesem Fall egal – und schon kann man dort hinausgehen, wo man hineingekommen ist. Nur in ganz seltenen Fällen fand ein Erdbeben statt, so dass man den Hinweg nicht mehr beschreiten kann. In solch einem Fall ist es aber wahrscheinlich, dass sich durch das Naturereignis neue Wege auftun, wodurch die Sackgasse ihre Eigenschaft als solche verliert.

Manche Leute fühlen sich in einer Sackgasse der Verzweifelung nahe. Dabei sprechen die Schwaben liebevoll vom „Gässle".

Das Sackgässle muntert einen geradezu dazu auf, eine Weile zu bleiben, innezuhalten und sich einmal gründlich umzuschauen. Was gibt es da nicht alles zu sehen? Romantisches, Hübsches, und das unter Kennern geschätzte Restaurant „Zum Knoblauchschweinchen". Zuerst glaubt jeder, das sei zum Davonlaufen, um dann aber nach einem vorsichtigen Blick hinein feststellen zu müssen, dass einem nichts Bekömmlicheres hätte begegnen können. Hier nimmt man nämlich Rücksicht auf die menschlichen Vorlieben, z. B. etwas für die Gesundheit zu tun, oder sich sauwohl zu fühlen, um hinterher sagen zu können: „Schwein gehabt!"

Sollten sich dennoch wegen der ungewohnten, aber durchaus schmackhaften Kost Bauchschmerzen einstellen, so gibt einem der Gässle-Apotheker von nebenan gleich

den passenden Gute-Laune-Tee, der einem die Bauchschmerzen in einem freundlichen Licht erscheinen lässt. Darum bleibt man gerne noch eine Weile und ist nun endgültig davon überzeugt, dass es ein Glücksfall war, hierher zu geraten. Zwar ist man sich letztlich mit sich selbst noch nicht darüber einig, ob man nicht immer hier bleiben möchte, aber dankbar ist man jetzt schon für die gute Restauration
– und für die gute Aussicht!

Ich habe gehört, dass viele sagen, sie wollen nicht den ganzen Hinweg zurückgehen. Es gäbe da einen Fußweg durch ein Waldstück, völlig ungefährlich (seit Jahren gibt es bei uns keine Wölfe mehr!) und mit herrlichem Ausblick in die weite Weite.

Und dann kann man dazu noch als Zeitvertreib Entfernungsraten machen, z. B.: „Ist das Nahegelegene auch das Nächstliegende, oder ist das zum Greifen-nahe vielleicht eine Fata Morgana?" Sie sagen alle, es mache köstlichen Spaß!

Lob auf das Dicksein

Das ist wohl für alle Menschen das Wichtigste: man will das Ziel des Lebens erreichen.
Nur - was ist das Ziel?
Nun, ganz einfach: dick werden!
Dick sein bringt Erfüllung, man ist ausgelastet und abgerundet, alles deutliche Zeichen von Vollendung.
Je dicker man ist, desto mehr hat man von der Welt in sich aufgenommen, desto mehr hat man Anteil an ihr. Ein schöner Spruch bringt es auf den Punkt: „Der Mensch ist, was er isst." Das Höchste wäre also, sich die ganze Welt einzuverleiben, darüber sind wir uns im Klaren! Obwohl

das aber vorerst ein Fernziel ist, kann doch jeder seinen persönlichen Näh(e)rungswert zu diesem Ziel beitragen.

In unserer Zeit galt es bisher als erstrebenswert abzunehmen und damit das Gegenteil vom Dicksein zu erreichen. Aber man schaue sich einmal um, wo wir damit hingekommen sind! Ja, das Abnehmen hat inzwischen alle Bereiche unseres Lebens erfasst: die Staatsfinanzen, die Arbeitsstellen, die Einkommen, die Anzahl der Läden in den Innenstädten und die Geburtenrate. Es wird Zeit, dass wir umdenken!

Am besten fangen wir gleich damit an!

Dick wird man bekanntlich dadurch, dass man etwas zu sich nimmt. Die Dinge, die wir üblicherweise zu uns nehmen - abgesehen von Pommes - sind u. a. ungesättigtes Facebook, geräuschvolle Musik, Fernsehkost ungetrennt, dafür dick belegt mit Talkshows, Krimis und Serien wie „Wer wird Millionär" und „Lindenstraße." Sie helfen uns schon erheblich weiter beim Dickwerden, denn sie vermeiden gründlich, dass wir uns bewegen und Bewegung wäre kontraproduktiv.

Unser Abrundungsprogramm soll uns ja schließlich auch gelingen, denn es beinhaltet sooo viele Vorteile! Ohne Ecken und Kanten sind wir viel umgänglicher als mit unseren individuellen Spitzen. Rundungen verletzen niemanden mehr. Alle Schicksalsschläge, die einen sonst hätten umhauen können, federt man gekonnt ab.

Und auch Energiesparen ist ganz einfach, denn jedes Kind weiß, dass die Kugel die energetisch sparsamste Form ist. Also könnten wir auf diese Weise alle zu großen Energiesparern werden, sogar ohne staatlich geförderte Programme! Das Geld, das wir sonst für Energiesparmaßnahmen verbraucht hätten, können wir nun sinnvoller nutzen für Dinge, die wir uns immer schon einmal einverleiben wollten. Auf jeden Fall sollten wir unser Geld für's Dickwerden ausgeben, denn für ein so gewichtiges Ziel ist jede Ausgabe gerechtfertigt.

Außerdem - wenn Geld herumliegt, macht es Bauchschmerzen. Es macht Bauchschmerzen weil man nicht weiß, wie man es am besten nützt und daher liegt es schwerverdaulich im Magen. Merkwürdigerweise ist viel Geld auch dann schwer verdaulich, wenn man es selbst gar nicht hat, sondern die anderen.

Ganz allgemein scheint Geld schwer verdaulich zu sein! So wird uns z.B. schlecht, wenn wir daran denken, was mit unseren Steuergeldern gemacht wird, mit unseren Spenden und mit eventuellen Schutzgeldern.

Aber wir sollten nicht zu viel über Geld nachdenken, denn durch Nachdenken über Geld wird man auch nicht dick! Das alles ist nur Kräfte zehrend und eignet sich eher zum Abnehmen als zum Zunehmen. Was wir zum Dickwerden brauchen ist etwas, was uns Kraft gibt, so eine Art Kraftbrühe.

Am besten ist so gesehen eine Zeitbrühe, denn wir wissen alle:

"Mit der Zeit wird man dick!"

Also ist es die Zeit, die uns wesentlich unterstützt beim Dickwerden. Darum sollte man sie nutzen.

Am bekömmlichsten ist eine Zeitbrühe aus ausgekochter Gegenwart mit einem großen Stück Vergangenheit und einer Prise Zukunft, aber gut gerührt! Ein Stück purer Vergangenheit tut uns gar nicht gut. Es verwandelt sich oft in viel heiße Luft, die nur dann keine Bauchschmerzen mehr macht, wenn wir sie zischend fahren lassen. Mit einem Stück krasser Gegenwart ist man zwar ein bisschen besser dran, denn man kann etwas tun, von dem man glaubt, es würde beim Verdauen helfen, aber zu viel Gegenwart lässt uns den Überblick verlieren. Die erwartete Zukunft gibt der Zeitbrühe die richtige Würze, aber würde man nur Zukunft kochen, würde der Bauch wohl leer bleiben und man würde abnehmen. Also auf die Mischung kommt es an!

Aber wieso wird man mit der Zeit überhaupt dick?

Das ist ein Naturgesetz! Auch von dem Weltall wissen wir heute, dass es sich ununterbrochen ausdehnt. Sogar im Erdinnern findet kontinuierlich Ausdehnung statt: das Magma drängt nach oben und vergrößert die Erdoberfläche jährlich um ein paar Zentimeter. Also die Erde, ja die ganze Welt machen es uns ja vor, dass Dickwerden ein Ziel ist, das sogar von der gesamten Evolution unterstützt wird. Und da wir auch Teil der Evolution sind, können wir diese Chance ja wohl auch nutzen!

Der einzige Nachteil beim Dickwerden ist - dass all unsere zahlreichen anderen Fähigkeiten so gut verpackt sind, dass sie nicht recht zum Zuge kommen können, es sei denn im nächsten Leben.

Sinn des Lebens

Man ist einfach irgendwann da. Hurra schreit man nicht gerade, aber man schreit. Das liegt daran, dass man das zu Anfang für den Sinn des Lebens hält. Es gibt Menschen, die diese Einstellung bis ins hohe Alter bewahren und deswegen meinen, sie seien jung geblieben. Bei den meisten stellen sich allerdings im Laufe der Zeit andere Vorlieben ein, wobei manch einer seine Vor-Lieben schon bald nicht mehr zählen kann. Aber ihnen wird deutlich, dass doch mehr oder weniger alles um die Liebe kreist.

Wenn das Kreisen zu intensiv wird, fühlt man sich entweder schwindelig oder eingekreist. Beides führt zu der präzisen Fragestellung:

„Was soll ich eigentlich hier?" und noch differenzierter:

„Isses das?"

So wie man auf einer Rotationsscheibe versucht, zum Zentrum zu robben, auf allen Vieren und möglichst flach, um nicht mit Schwung einen ungewollten, aber dauerhaften Abgang zu machen, kann man nach

beharrlichen Anstrengungen das winzige Rotations-
zentrum besetzen.

Noch während man sich die Augen reibt, um den neuen
Sitzpunkt in Augenschein zu nehmen, fällt einem die
zweite Frage wie Schuppen von den Augen:

„Was will ich eigentlich hier?"

Persönlichkeiten, die so etwas fragen, sind in
ihrem Individuationsprozess schon weit fortgeschritten.
Können sie sich doch bereits vom Unwesentlichen - den
Schuppen - trennen und ihr Augenmerk auf völlig
immaterielle Werte z.B. den Willen richten.

Da sie aber im Umgang mit ihm nicht geübt sind, fangen
sie an, alles Mögliche zu wollen: am Freitagvormittag frei,
eine Schauspielerin oder wenigstens eine solche Karriere,
dicke Bohnen, etc... Es ist sozusagen ein Rundumschlag-
Wollen. Der Rundumschlag sorgt dafür, dass ihm zufolge
genügend Umschläge vorhanden sind. Besonders
empfehlenswert ist der Kartoffel-Quark-Umschlag, da er
vielseitig verwendbar ist.

Vielen exzentrischen Personen gereicht der Rund-
Umschlag zu einem ausgewogenen Abschleifen aller
Spitzen, so dass sie gut poliert und vorzeigbar aus der
Situation hervorgehen. Ein andermal gehen bei solch
einem Härtetest bekanntlich einige in die Knie - und das ist
gar nicht selten der Rundumschläger selbst. Ziemlich
verdaddert nimmt er die Veränderung wahr und ruft nach
einer Weile:

„Herrgott, mach doch alles wieder heile!"

Da der Herrgott sich aber keineswegs beeilt, muss er selber
anfangen mit dem Zupacken. Dabei stellt er sich die
ängstliche Frage:

„Was kann ich denn?"

Er stellt fest, dass er ein paar Handgriffe kann und
freundlich Gucken.

Das Zweite erweist sich bald als das Wirksamere wegen
seiner großen exponentiellen Infektiosität - von einem zum

ändern und sogar zurück - und schon bald bleibt unserem Kandidaten nichts anderes übrig, als breit zu lachen!

Schlüssellöcher

Mich hat die Sammelleidenschaft gepackt. Es gibt so viele Menschen, die etwas sammeln. Jetzt kann ich ihnen erhobenen Hauptes entgegentreten: ich sammle Schlüssellöcher.

Die Idee kam mir, als ich an einem mit Dunkelheit vollgepackten Abend nach Hause kam. Es war so dunkel, dass ich das Schlüsselloch meiner Haustür nicht finden konnte. Daraufhin entschloss ich mich, immer ein Ersatzschlüsselloch bei mir zu tragen.

Gleich am nächsten Morgen machte ich mich auf, ein Ersatzschlüsselloch zu finden. Dabei fiel mir auf, mit wie vielen unterschiedlichen Schlüssellöchern man doch tagtäglich umgeht. Wollte ich auf Nummer Sicher gehen, musste ich von jedem ein Ersatzexemplar bei mir tragen. Diese Erkenntnis war der Beginn meiner Sammelleidenschaft.

Ich entwickelte einen ausgesprochenen Schlüssellochblick. Immer mehr Schlüssellöcher sammelten sich in meinen Hosentaschen. Zum Glück nahmen sie nicht viel Platz ein, denn da es mir nur auf die Löcher ankam, ließ ich alles, was sie umgab, von vornherein weg. Ich mag kein überflüssiges Zubehör. Ich wollte nur die Löcher, nichts als die reinen Löcher.

Anfangs sah man es mir nicht an, dass ich so viele Schlüssellöcher mit mir herumschleppte. Aber als die Hosentaschen schon allzu viele Löcher trugen, stopfte ich die nächsten einfach in meine Handtasche, obwohl ja auch deren Fassungsvermögen begrenzt war. Das wurde mir schlagartig klar, als mir eines Tages ein freundlicher junger Mann mit eiligem Schritt hinterher gelaufen kam und mir ein wenig verschämt sagte, ich habe etwas verloren. Dabei reichte er mir ein Schlüsselloch, das ich mir gerade mit Hilfe eines Abdrucks angeeignet hatte. Behutsam nahm ich die Kostbarkeit wieder an mich, denn es handelte sich hierbei um eine außergewöhnliche Besonderheit. Es stammte aus dem tiefen Mittelalter und beim Durchschauen fühlte man sich geradewegs in diese Epoche zurück versetzt: man sah nichts als Dunkelheit, finsterstes Schwarz! Meine Dankbarkeit dem jungen Mann gegenüber war so groß, dass ich ihm Finderlohn anbot, ein halbes Loch, aber natürlich von einem etwas weniger kostbaren Schloss. Mir war klar, dass das trotzdem mehr als üppich war und mir tat mein Angebot auch sofort leid. Zum Glück lehnte der junge Mann ab, denn, wie er sagte, habe er selber schon genug Löcher in seiner Tasche und, was noch gravierender war, seine Oma sei hinter allen Löchern her, um sie zu stopfen. Dazu sei mein halbes Schlüsselloch doch zu schade! Dem pflichtete ich erleichtert bei. Gott sei Dank, das war ja noch einmal gut gegangen!

Das Ereignis veranlasste mich jedoch, darüber nachzudenken, ob ich denn wirklich immer alle Löcher mit mir herumschleppen müsse. Meine Wohnung war zwar nicht allzu groß, aber sicherlich bot sie genug Platz, um einige Löcher geschickt zu verstauen, z. B. zwischen den Büchern. Löcher zwischen den Büchern fallen den meisten Menschen schon deswegen nicht auf, weil sie gar keine Vorstellung davon haben, dass da überhaupt Bücher stehen könnten, eine äußerst günstige Voraussetzung!

Der Platz zwischen den Büchern machte es mir leicht, mal eben für kurze Zeit, ein Loch herauszunehmen, es zu betrachten, um dann meiner liebsten Beschäftigung nachzugehen, der ich seit meiner Kindheit frönte, nämlich durch Schlüssellöcher zu gucken. Kaum vorstellbar, dass es etwas Aufregenderes gibt! Die armen Nicht-Schlüssellochsammler müssen sich behelfen mit der eintönigen, extra für sie geschaffenen Piepshow, die schon deswegen langweilig ist, weil es ja immer dasselbe

Schlüsselloch und dann noch nicht einmal ein echtes ist, durch das sie schauen. Auch bekommt man dabei nicht den richtigen Durchblick!

Ganz anders bei meinen Schlüssellöchern!

So sah ich letztens durch das Schlüsselloch eines Tagungsraumes meiner Firma. Was sich mir bot, war ein tiefer Einblick in die Psyche des nicht besonders sportlichen Kollegen Rikord. Vergeblich bemühte er sich, seine Zigarettenschachtel hinter die große Bücherwand zu werfen, damit er endlich anfangen könne, mit dem Rauchen aufzuhören. Da ihm der Schachtelwurf immer wieder misslang, zündete er sich erst einmal eine Zigarette an.

Ein andermal schaute ich durch das Badezimmerschlüsselloch meines Onkels väterlicherseits. Es besitzt eine reizvolle runde Form und gibt außerdem eine präzise 3-D-Perspektive frei. Was ich da sah? Mein Onkel war bemüht, mit einer Nagelfeile seine Zähne zu bearbeiten. Nach einigen Anstrengungen schien ihm der Feinschliff gelungen. Aufatmend riss er nochmals seinen Mund auf und betrachtete zufrieden sein von Ecken und Kanten befreites Kauwerkzeug.

Das Allerschönste bei meinen Schlüssellöchern sind jedoch die Sonnenstrahlen, die sie durchlassen. Schon ein kleines bisschen Sonne, das durch ein Schlüsselloch fällt, lässt auf dem Fußboden einen großen sonnengoldenen Kreis entstehen, der einen warm anlacht. Allein das ist schon Rechtfertigung genug für meine Schlüsselloch-Sammelleidenschaft! Immer und zu jeder Zeit kann ich mir aus wenigen dünnen Sonnenstrahlen strahlende Sonnenfreuden in mein Wohnzimmer holen, auf den Fußboden, an die Wände, in meinen Schaukelstuhl, in mein Herz

Mal im Ernst

Daneben gelebt

Wie sehr sehne ich mich nach einem Sommertag! Nach viel Ausruhen und mit wenig Verpflichtungen. Nicht, dass ich den Verpflichtungen ausweichen möchte, nein, ganz einfach einmal keine zu haben. Aber in unserer Zeit ist es so, dass man immer handeln muss. Man muss ständig reagieren: Rechnungen bezahlen, sonst droht eine Mahnung, Versicherungen abschließen, sonst droht einem eine bedenkliche Zukunftslücke, Reparaturen veranlassen an Auto und Haus, sonst droht einem ein großer Schaden, Termine wahrnehmen, sonst droht einem ein beruflicher oder privater Nachteil, ungerechtfertigten Forderungen widersprechen, sonst droht einem ein finanzieller Verlust. Immer droht einem etwas, wenn man nicht rechtzeitig und nachhaltig reagiert. Um dem allem nachzukommen, ist man immer unter Druck, fühlt sich immer gehetzt. Ganz zu schweigen von den beruflichen Arbeiten und anderen täglichen Verrichtungen im Haushalt, die einem ein geordnetes Leben ermöglichen. Rechtzeitig dieses und jenes zu erledigen, versetzt einen in einen Wettlauf mit der Zeit. Oftmals glaubt man, von der Zeit fast überholt zu werden. Gerade schafft man es noch, sie am Rockzipfel zu packen, bevor sie verschwindet. Völlig verausgabt sinkt man abends ins Bett und sagt sich: „Ja, ich habe alles geschafft, ich bin auf der Höhe der Zeit. Ich bin selbstbestimmt, regele alles angemessen und erledige dabei vor allen Dingen mich selbst.
Es ist abzusehen, dass der Tag kommt, wo man überholt wird von der Zeit, wo sich die Dinge von selbst regeln nach ihren eigenen Gesetzen, eine Zeit, wo die Zeit einen abhängt, da man das Tempo nicht halten kann, dass immer schneller wird, wo man einfach abgeben muss an den Zufall, der ganz zufällig und ohne Einwilligung regelt,

dass man nur Zuschauer ist in seinem eigenen Film, Betrachter aus großem Abstand.

Wie schön wäre da hin und wieder ein Sonnentag - früher nannte man ihn Sonntag! - ein Tag voller Ruhe und Besinnung, auch Zeit für bunte Bilder hinter geschlossenen Augenlidern, ein Tag für fliegende Träume, braune Gartenerde unter den Fingernägeln und Geselligkeit.

Wenn es das alles nicht mehr gäbe, einen Tag mit Ruhephasen neben all dem Trubel, mit Raum für eigene Gedanken und Aufmerksamkeiten, wäre das Leben dann noch lebenswert? "Habe ich heute schon einmal meine eigenen Gedanken gedacht," fragt man sich selbst, „und wann habe ich einmal Zeit dafür?" Dabei sind die Augenblicke dieser Freiheit das, was das Menschsein ja eigentlich ausmacht.

Wen wundert es, wenn die Menschen erkranken am Verlust ihrer selbst? Wen wundert es, dass es so viele gibt, die neben ihrer eigentlichen Bestimmung her leben? Was alle brauchen, ist hin und wieder einen Sonntag, mit offenen Räumen für Abstand, Freude und Liebe – einen menschenwürdigen Tag!

Vorbereitung zu Großem

Jeder kennt das. Da ist etwas, das man unbedingt erledigen muss, so wie ich zum Beispiel diese Arbeit. Ganz zufällig blicke ich in den Spiegel und entdecke, dass ich mich noch nicht gekämmt habe. Unglaublich! Jeder muss sich doch morgens kämmen! Also nichts wie nachholen! Und jetzt das Frühstück! Ohne Frühstück kann man nichts leisten. Und das will ich ja schließlich. So habe ich meine Legitimation zu einer umfangreichen, gemütlichen und ausgiebigem Mahlzeit. Bevor ich das Arbeitszimmer betrete, fordern mich noch unwiderstehlich der Abwasch, eine dreckige Glastür und natürlich die Tageszeitung heraus, die — und das versteht jeder — ihrer Tagesaktualität wegen jetzt und nicht später gelesen werden muss. Nicht weniger wichtig sind die nun folgenden Aufräumarbeiten in meinem Arbeitszimmer. Sie beginnen mit dem Wegräumen der herumliegenden Bücher, gefolgt vom Einsortieren der Fotos, dem Beantworten eines Briefes usw. ... Ich kann mich selber nur beglückwünschen. Auf diese Weise habe ich mich immerhin schon an den Schreibtisch manövriert. So habe ich doch schon diese Schwelle überwunden. Ich frage mich ernsthaft: „Ist hier etwa Schwellenangst im Spiel, Angst davor, das in Angriff zu nehmen, was wie ein Berg vor mir steht?" Jedoch, muss es gleich Angst sein? Vielleicht gilt es nur, Ballast abzuwerfen wie ein Ballonfahrer, bevor er wirklich zu großer Höhe aufsteigen kann.

So was Dummes

Die Situation ist die: Man sollte zur Kenntnis nehmen,

- dass Deutschland bunt ist, dass jeder individuell leben darf nach seinen eigenen Vorstellungen was seine Meinungen angeht, seine sexuellen Vorlieben und die Gestaltung seines Gartens.
- dass es Menschen gibt, denen diese Verschiedenartigkeit ihrer Mitmenschen Angst macht und jede Veränderung auch sonst, die alles so lassen wollen wie es ist, so wie *man* es macht und so wie *man* es immer gemacht hat. Was sollen die Nachbarn sonst sagen?
- dass es Menschen gibt, die fanatisch sind und einen Tunnelblick haben, schlimmer als beim Grünen Star. - Wenn es doch nur ein Grüner Star wäre!!! Aber der hier hat doch eine Kalaschnikow!
Man fragt sich, wohin das führen soll?
Die mit den Kalaschnikows sind keine Stars. Sie sind gefährlich und keiner will es mit ihnen zu tun bekommen.

Bekommt man es mit ihnen doch zu tun, muss man um sein Leben fürchten und alle anderen auch!
Aber die Menschen wollen keine Angst haben. Sie haben die Kalaschnikowianer "Mohammed" rufen hören. Nun glauben viele schlussfolgern zu müssen, dass alle, die Mohammed sagen, auch Kalaschnikowianer seien.
Diese Vorstellung macht den Menschen Angst.

Darum pegidarieren sie gegen alles, was sie nicht genau kennen und ihnen daher Angst macht.
Aber es gibt doch ein altbewährtes Mittel gegen etwas, was man nicht kennt!
Wenn man das anwendet, braucht man keine Angst mehr zu haben!
Es ist sogar völlig ungefährlich und jeder hat schon mal davon gehört!
Es heißt "Information", kurz "sich schlau machen".
Wer pegidariert hat noch Angst, hat sich also noch nicht schlau gemacht!

So was Dummes auch!

Update gefragt?

Besonnenheit, das ist es, was wir brauchen.
Besonnenheit im Umgang mit Fremdem,
Besonnenheit, nicht Angst oder Wut!
Cool down, cool down!

Wir sollten die Fremden als Menschen sehen,
die genauso fühlen wie wir, hoffen wie wir,
sich nach Sicherheit und Frieden sehnen wie wir.
Cool down, cool down!

Die vielen Einwanderer in unserem Land hatten keine Wahl: In ihren Heimatländern drohten ihnen Elend und Tod.
Was würden wir unter diesen Umständen machen?
Wir wären dankbar, wenn man uns hilfsbereit aufnähme!

Aber leider steckt in uns Menschen noch ein Rest von unseren tierischen Vorfahren. Für diese Instinkt gesteuerten Kreaturen bedeutete alles Fremde eine Gefahr, weil ihr Bioprogramm keinen angemessenen Umgang mit Fremdem wusste.

Wir sind da besser dran.
Wir sind denkende Wesen und in der Lage, eine Situation mit dem Verstand zu beurteilen. So können wir wahrnehmen, dass die Zuwanderer einfach nur Hilfe brauchen und keine Gefahr für uns bedeuten.

Wer sich gegen Hilfsbedürftige wehrt, braucht wohl ein Update!

Aber dann sind da noch die wirklich Gefährlichen.
Wie schön wäre es, wenn wir sie an ihrem Gesicht erkennen könnten!
Aber leider haben sie sehr verschiedenen Gesichter, auch solche, die den unsrigen gleichen.
Da macht es keinen Sinn, eine Art von Gesicht zum Feind zu erklären und zu versuchen, es auszurotten. Das wäre so ähnlich, wie wenn man bei einem Patienten mit Hautkrebs sämtliche Hautzellen abtöten würde! Er würde sehr bald sterben, ganz abgesehen davon, dass man die schon abgewanderten Krebszellen mit dieser Methode nicht erwischen würde!

Also:
Besonnenheit ist es, was wir brauchen.
Besonnenheit im Umgang mit Fremdem.

Besonnenheit, nicht Angst oder Wut.
Cool down, cool down!

Experten

Eine Stelle am Rücken machte mir Sorgen. Sie befand sich genau dort, wo meine Hände sie noch ertasten konnten, ich aber beim besten Willen nicht in der Lage war, sie zu sehen, selbst nicht mit verstellbaren Spiegeln und den gekonntesten Verrenkungen. So bat ich meinen Mann, von besagter Stelle ein Foto zu machen. Das Ergebnis überzeugte mich zwar von der Qualität des Fotos, nicht aber von der Harmlosigkeit der fragwürdigen Hautpartie. Also entschloss ich mich, einen Hautarzt aufzusuchen.
Aber welchen? Da ich keinen in unserem Ort kannte, wählte ich einen beliebigen aus dem Telefonbuch, einen Arzt mit einem Doppelnamen. „Das könnte auch eine Frau sein", ging es mir durch den Kopf. Mir sollte es recht sein und so machte ich sofort einen kurzfristigen Termin aus.
Die Praxis befand sich in einer alten Villa, die auch schon bessere Zeiten erlebt hatte. Ich öffnete die Eingangstür und erblickte als erstes in meiner unmittelbaren Nähe eine Tür mit der Aufschrift „Toilette". „Na, gut" dachte ich, „hier musst du sie wenigstens nicht suchen wie in vielen anderen Praxen". Dann sah ich mich um nach der Anmeldung. Da ich nur eine Wartezimmertür erblickte, trat ich kurz entschlossen ein. Na bitte, da bemerkte ich an einer weiteren Tür die Aufschrift: „Anmeldung, bitte einzeln eintreten." Ich klopfte und öffnete zaghaft einen Spalt, wusste ich doch nicht, ob sich gerade jemand anmeldete. Der Raum war klein und besaß eine deutliche Barriere in Form eines hohen Empfangmöbels, hinter dem eine streng dreinschauende Sekretärin mich nach meinem Anliegen befragte. Nachdem ich alle Fragen offensichtlich zu ihrer Zufriedenheit beantwortet hatte, meinte sie, ich könne

gleich hier auf einem der Stühle Platz nehmen und warten. Einerseits erfreut, musste ich mich aber doch mit dem Gedanken auseinandersetzen, wie es denn wohl einem weiteren Patienten möglich sein sollte, einzeln einzutreten, wenn ich doch die Stellung so beharrlich besetzte. Aber bald merkte ich, dass sich sowieso keiner an diese Aufforderung hielt. Die Leute brachen einfach herein, ohne anzuklopfen, zu zweit, zu dritt, ganz wie es ihre Situation gerade anbot.

Während ich meinen Gedanken so nachhing, vernahm ich ein mir vertrautes Geklapper, das ich lange nicht mehr gehört hatte. Es folgte ein eindeutiges „Ratsch", wonach das Geklapper wieder einsetzte. Himmel, die Sekretärin schrieb ja auf einer Schreibmaschine und das, wo doch jeder heute einen Computer für seine Schreibarbeiten nutzte. Ich sprang auf, stellte mich auf die Zehenspitzen um über die „Anmeldung" hinüber schauen zu können. Und tatsächlich, die Sekretärin tippte ratternd auf einer Schreibmaschine und war ganz in ihrem Element. Offensichtlich war sie noch vom alten Stil, die mit 300 Anschlägen pro Minute ihren Chef beeindrucken konnte. Apropos Chef, die vermutliche Chefin hier musste, nach dem zu urteilen, was ich bisher wahrgenommen hatte, wohl schon recht alt sein.

„Sie können da ruhig schon reingehen", hörte ich auf einmal die Sekretärin sagen. Ich schaute sie fragend an. „Ja, gehen sie ruhig schon rein". Ich erhob mich und kam in einen Raum, der wie eines von diesen länglichen, schmalen Badezimmern anmutete, nur dass dort, wo üblicherweise die Badewanne steht, durch Vorhänge abgetrennte Kabinen waren. Eine ältere Dame, vermutlich die Sprechstundenhilfe, erledigte noch ein paar Aufräumarbeiten, bevor sie in das Nachbarzimmer verschwand.

Es verging einige Zeit, bevor sich die Tür erneut öffnete. Herein wieselte die „Sprechstundenhilfe" und fragte mich, welche Beschwerden ich hätte. Diese kraus aussehende alte Dame war also die Ärztin selber. Ihr Alter schätzte ich spontan auf mindestens 70 Jahre. Sie schaute mich durch ihre dicke Brille fragend an und so berichtete ich ihr von meiner unklaren Hautstelle auf dem Rücken. Mit einer Handlupe ausgerüstet, machte sie sich sofort daran, diese Stelle zu untersuchen. „Das ist harmlos", war ihr kurzer Kommentar, „da brauchen wir nichts zu unternehmen." Die Stelle sei ein bisschen aufgeraut, aber völlig unbedeutend. Solche Hautveränderungen habe sie schon viele gesehen. Ob ich noch eine andere Hautveränderung hätte. Etwas überrumpelt zeigte ich ihr eine Stelle am Bein, die ich gar nicht hatte begutachten lassen wollen. Sofort zückte die alte Dame wieder ihre Lupe, beugte sich tief herunter um die kritische Stelle besser diagnostizieren zu können. „Warum steht hier keine Liege wie in jeder anderen Praxis," dachte ich. „Das würde der Frau Doktor doch manch eine Verrenkung ersparen." Aber offensichtlich brauchte sie keine Liege, denn schon verkündete sie mir, dass auch diese Veränderung absolut harmlos sei.

Da ich mit mehr Hautveränderungen nicht dienen konnte, ging meine Ärztin zur Fensterbank und machte sich dort Notizen. Sie brauchte anscheinend auch keinen Schreibtisch, warum auch? Sollte sie doch schreiben wo sie wollte. Wichtig waren ihre routinierten Diagnosen. Und was unverkennbar war, offensichtlich besaß sie einen reichen Erfahrungsschatz, so dass sie auf unnötige Ausstaffierungen ihrer Praxis ganz und gar verzichten konnte. So viel Erfahrung und Konzentration auf das Wesentliche überzeugten mich. Was bringt einem schon eine Praxiseinrichtung vom Feinsten, hoch technisiert und auf Hochglanz poliert als nur eine hohe Rechnung?

So verließ ich sehr zufrieden die Praxis an der Toilettentür vorbei, mit dem sicheren Gefühl, auch nur eine kleine, unspektakuläre Rechnung zu erhalten. Andere Rechnungen fielen mir ein, deren Höhe ich nicht hatte abschätzen können und die über mich hereingebrochen waren wie ein Steppenbrand.

Aber zu dieser alten Dame, die ihre tägliche Arbeit ohne viel Aufhebens verrichtete, unspektakulär, kompetent und sparsam, konnte man in jeder Hinsicht Vertrauen fassen.

„Schade, dass wir nicht mehr von diesen älteren, erfahrenen Experten in unserem Berufsleben haben", dachte ich und dabei meinte ich nicht nur die medizinischen Berufe.

Sicherlich würde uns ihr Know-how vieles sehr erleichtern!

Rückkehr

Weiße Wölkchen wie Sahnetupfer, auf einem unsichtbaren Tablett dem Auge dargeboten, solche die sich bereitwillig formieren zu Schneebergen und deren Festigkeit man am liebsten gleich durch eigene Schritte erproben möchte, Wolken wie aufgereiht, die mächtigste vorn, gefolgt von immer kleiner werdenden, bis die letzte sich auflöst in Luft. Andere wiederum wie ein hauchzartes Gewebe umspielen das Auge, das schon dem Hinschauen nicht standhält.

Unter all der schwebenden Leichtigkeit tut sich eine Welt auf, mit grünen Wiesen, Sonnenflecken und rätselhaften Formationen, silbernen Schlangenlinien, rot getupfter Enge und bizarr geformter Dunkelheit. Immer wieder schiebt sich ein Wolkenband über das Unten, eine zweite Ebene von jedoch trügerischer Beständigkeit.

Manch einem Schauenden mag bei diesem Anblick schwindelig werden, ein anderer kann seine Seele kaum bändigen, wieder andere machen sich Gedanken über das Ameisengewimmel am Grunde ihres Blickes und schwer fällt es ihnen plötzlich, den erdgebundenen Belanglosigkeiten die Bedeutung beizumessen, die man ihnen üblicherweise zuordnet. Sie sehen weiter und tiefer und durch die große Entfernung erkennen sie Zusammenhänge, die die Nähe ihnen bislang vorenthielt.

Ja, fliegen, darüber sein, sein....

Der Urlaub ist nun zu Ende und man nimmt die Mühen, die es kostet, wieder nach Hause zu gelangen, mit der allergrößten Selbstverständlichkeit auf sich. Dabei handelt es sich bei der Rückkehr doch nur um eine punktgenaue Landung in der gewohnten Bedeutungslosigkeit. Man freut sich sogar darauf, was besonders merkwürdig ist, weil die Menschen, wenn man nicht gerade mit ihnen befreundet, verwandt oder verschwägert ist, sich auszeichnen durch ein hohes Maß an Interesselosigkeit.

Begegnet man jedoch einem lieben Nachbarn und möchte ihm mitteilen, wovon das eigene Herz voll ist, so erfährt man unaufgefordert - nachdem man als lange nicht zur Verfügung gestandener Gesprächspartner identifiziert worden ist – alle für ihn persönlich bedeutungsvollen Ereignisse, die allerdings durch die Wolken betrachtet, die Ereignisoberfläche der Erde noch nicht einmal ein klein wenig zu kräuseln vermocht hätten. Nach dem überbordenden Redeschwall fühlt man sich wie mit Schokoladenkuvertüre ganzkörpermäßig übergossen und in der Realität des Nachbarn festgeklebt. Aber immer noch mit der Seele über den Wolken, sucht man bereitwillig mit der Lupe in der Hand nach der vom Nachbarn ausführlich geschilderten, schockierenden Ziselierung in 10000 Metern Tiefe und ist verunsichert darüber, dass man sie trotz ehrlichen Bemühens nicht so recht entdecken kann.

Die eigene Sonne, die Weite und die Leichtigkeit, die man aus dem Urlaub mitgebracht hat, fühlen sich eingeschlossen wie in einem Luftballon, an einem Faden auf den Boden heruntergezogen und festgebunden. Im Alltag ist Bodenhaftung gefragt! Weit- und Übersicht hingegen sind nicht der Hit.

Wo kämen wir denn da auch hin, wenn jeder den Alltag auf

diese Weise aufbrechen würde?

Nur nicht auffallen – oder doch?

Anstreichen, nun, das ist nicht unbedingt mein Hobby. Aber meine Schwester hatte mir schon oft in schwierigen Situationen geholfen. Jetzt war die Gelegenheit für mich da, ihr meine Hilfe anzubieten.

So traf ich am frühen Vormittag bei ihr ein mit meiner gesamten erprobten Ausrüstung: Pinsel, Farbrolle, Folie zum Auslegen und viel Zeit. Den ganzen Samstag hatte ich mir freigehalten, frei von Kindern, frei von Arbeiten im Haushalt, frei von Kaffeebesuchen und Schreib-tischarbeiten. Ich hatte heute keinerlei Verpflichtungen.
Unsere Laune war gut und wurde ergänzt durch viel Schwung und eine Leiter. Ich übernahm - erfahren in diesem Handwerk - die Decke, eine sportliche Herausforderung. Dazu musste ich auch noch schwindelfrei sein. Mir machte es nichts aus, mit dem Kopf im Nacken zu arbeiten, war es doch noch nie meine Gewohnheit gewesen, den Kopf einzuziehen. Bei schöner Musik und harmonischem Schweigen verflog die Zeit. Das milde Rauchgelb der Decke verwandelte sich zusehends in ein knallsauberes Weiß. Unser Erfolg war mit Händen gemalt. Wir waren zufrieden und erfreuten uns an unseren Fortschritten. Die Zimmerwände wurden immer heller, aber draußen dämmerte es schon.
Da fiel mir plötzlich ein, dass ich im Eifer des Gefechtes meinen Einkauf vergessen hatte. Das Wochenende stand bevor und mein Familie versprach sich von meinen Kochkünsten zumindest einen gewissen Sättigungsgrad. Ich hatte auf den langen Samstag vertraut, aber was heißt

schon lang, wenn man anstreicht? Mir blieben noch ganze zwanzig Minuten. Nun gut, die würden reichen.

Als ich mich anschickte, mich auf den Weg zu machen, bemerkte ich, dass mein Haar während des Anstrichs weiß geworden war. Es gibt Ereignisse im Leben, durch die man schnell ergraut. Beim Anstreichen hatte ich allerdings mit solch einem Phänomen nicht gerechnet. Ich nahm es Not gezwungen in Kauf. Zeit zum Haare waschen blieb mir ohnehin nicht. So musste ich mich in die Situation fügen.

Mir war klar, dass sich alle Leute unterwegs über mich lustig machen würden. Aber das durfte mich jetzt nicht beeindrucken. Ich wollte sowieso nur das Nötigste kaufen.

Ich fuhr los und erreichte noch rechtzeitig den Supermarkt. Ein bisschen verschämt mischte ich mich in die Menge, aus den Augenwinkeln heraus blinzelnd, ob meiner lächerlichen Erscheinung. Ich riskierte einen zaghaften Blick auf die gut gekleidete Frau zwei Schritte neben mir. Sie schaute heiß auf die Tütensuppen und hatte kein Auge für etwas anderes. Mir sollte es recht sein. Das Mädchen am Ende des Ganges suchte offensichtlich nach jungem Gemüse für einen besonderen Salat. Man merkte ihm die Schwierigkeit an, sich zwischen Fleisch- und Strauchtomaten zu entscheiden. Ein paar Schritte weiter bat eine Frau ihren Mann, die richtige Kaffeesorte zu finden. Seitwärts stand eine alte Dame, die starr vor sich hin auf den Boden sah. Sicherlich würde ihr bei solcher Konzentration bald wieder einfallen, was sie kaufen wollte. Ein älterer Herr verweilte mit Genugtuung und aktivierter Vorverdauung im Mund bei den Süßigkeiten.

Mir leuchtete langsam ein, dass alle vollends mit sich und ihrem Einkauf beschäftigt waren. Erstaunt und ein wenig irritiert nahm ich das zur Kenntnis und ebenso, dass niemand mein Malheur bemerkte. Ich fing an, mich ungenierter umzusehen. Wohl jeder übte sich in einer Art selektiven Einkaufsehens.

Ich war erleichtert und ein wenig belustigt .

Dann aber wurde ich nachdenklich. Was, wenn es meine

Absicht gewesen wäre, aufzufallen durch meine Haar-pracht? Ein Reinfall, ein glatter Reinfall! Da hätte schon ein ausgeflippter Haarschnitt hergemusst, ein Hahnen-kamm z. B. oder verstreute, haarige Landebahnen in Knotentechnik vom Hinterkopf bis direkt zum Mund in verschiedenen Farben. Auf einmal verstand ich Punker und alle anderen Leute, die sich mit einem extremen Outfit der Öffentlichkeit präsentieren!

Nachwort:

Und was ist mit der Angewohnheit von uns Frauen, bei jedem Blick ins Schaufenster unsere Frisur zu richten? Kein Mensch würde den Unterschied zum vorherigen Status bemerken! Es überkam mich eine grenzenlose Erleichterung. Ich brauchte also gar nicht jeden Vormittag eine halbe Stunde meiner kostbaren Zeit zu opfern für ein Ergebnis, das sowieso niemand registrierte noch interessierte.

Gewonnene Zeit, gewonnene Freiheit, super! - Jetzt konnte ich doch endlich morgens mit viel mehr Muße meine Garderobe für den Tag zusammenstellen!

Notfälle

"Hauptsache gesund", das sagte meine Oma immer - und sie hatte recht. Wir in unserer Familie hatten eine gute gesundheitliche Konstitution mitbekommen und dafür waren wir auch alle dankbar. Trotzdem ließ sich ein Arztbesuch manchmal nicht vermeiden, denn meine Hüfte rief immer häufiger und inzwischen sehr selbstbewusst nach einem Orthopäden. So machte ich mich schließlich auf den Weg.

Mit dem Auto konnte man bis zur Praxis fahren, das wusste ich. Der riesige Parkplatz hinter dem Gebäude war wohl neu. Es standen auch nicht viele Autos dort.

Ich zog ein Parkticket, überquerte den Parkplatz und ging auf die Arztpraxis zu. Die Straße, die vor der Praxis verlief, war recht schmal. Das war wohl auch der Grund, weshalb hier überall absolutes Halteverbot war. Aber zu meiner Überraschung stellte ich fest, dass hier trotzdem Autos parkten und zwar jede Menge, eins hinter dem anderen. "Sicherlich alles Notfälle", dachte ich. In dem Gebäude war ja nicht nur eine Praxis, es war ja ein Ärztehaus! Ja, ja, Hauptsache gesund!

Da bemerkte ich, wie ein unauffällig gekleideter Mann von Auto zu Auto ging, sich dort eine Weile aufhielt und dann das nächste in Augenschein nahm. Das große, Handy ähnliche Gerät in seinen Händen machte mir schließlich klar, dass dieser Mann im Auftrag der Stadt Strafzettel verteilte. Und richtig, da wo er schon seine Arbeit getan hatte, klemmte hinter jedem Scheibenwischer ein Knöllchen. Ich lachte und fragte ihn, ob ich ihm bei seiner Fließbandarbeit, bei dieser sprudelnden Einnahmequelle, helfen solle. Er lehnte lachend ab mit dem Hinweis, das könne er noch alleine schaffen. Außerdem brauche die Stadt viel Geld, denn sie habe große Pläne wie jedermann wisse. Sie sei sozusagen ein Notfall, der zwar keine neue Hüfte brauche, aber viel Bares. Und hier sei eine üppige Quelle wie ich ja wohl zugeben müsse.

Daran konnte ich kaum noch zweifeln.

Denn während ein Nicht-Notfallpatient aus dem Ärztehaus kam, sich den Strafzettel hinter dem Scheibenwischer hervorpulte und kopfschüttelnd las, wie viel ihn seine Bequemlichkeit kosten sollte, sich dann mürrisch hinter seinen Lenker vermachte und sich wahrhaftig nicht wie ein Getriebener benahm, wartete geduldig neben der parkenden Autoschlange ein neuer Kandidat, der die bald freiwerdende Lücke erspäht hatte und gewillt war, seine Chance - worauf auch immer - wahrzunehmen: wieder ein Notfall!

Hauptsache Gesundheit!

Total unabhängig

Wie ich doch das Leben genieße! Ich bin ja auch mein eigener Herr, d.h. meine eigene Frau und kann selber entscheiden, was ich mache. Unabhängig zu sein ist das Größte! Das habe ich im Laufe meines Lebens gelernt. Darum schätze ich es heute auch so. Ich bin eigenständig, selbstbewusst, emanzipiert und weiß, dass nur ich für mich verantwortlich bin. Man könnte fast schon sagen, ich fühle mich autark.

Wenn ich z.B. zu einem Geburtstag eingeladen bin, macht es mir gar nichts aus, alleine dort hin zu gehen. Es kann doch einmal vorkommen, dass der Freund sich unpässlich fühlt. Ich hingegen fühle mich pudelwohl, wieder einmal demonstrieren zu können, wie selbständig ich doch bin.

Eine feine Sache ist es auch, seine Unabhängigkeit gegenüber Institutionen und Behörden zu demonstrieren. Da ist z. B. die Gesundheitsreform, die von den Krankenkassen umgesetzt werden muss. Wenn nun der Zahnersatz nicht mehr erstattet wird, nehme ich mir die Freiheit, selber zu entscheiden, was ich zu beißen haben will. Ich kann mich bei meinen Ausgaben völlig frei entscheiden zwischen neuen Zähnen zum Beißen oder etwas zum Beißen zwischen den Zähnen. Bei dieser Entscheidung kann man doch richtig Persönlichkeit zeigen. Wie lange ich zeigen kann, dass ich Persönlichkeit habe, hängt natürlich auch von der Art meiner Zähne ab. Aber meine Unabhängigkeit wird dadurch nicht angetastet.

Beruflich bin ich gerade in der glücklichen Lage, völlige Unabhängigkeit erreicht zu haben. Man hat mir gekündigt. Jetzt stehen mir alle Türen offen, sogar die vom Sozialamt. Genau genommen könnte ich sie mir so richtig öffnen, wenn ich meine Lebensversicherung kapitalisieren würde, diese kleine Versicherung für's Alter. Ich kann mich selbständig und frei entscheiden für ein Leben ohne Altersabsicherung und dafür, eine kleine monatliche Unterstützung zu erhalten, oder einer Altersabsicherung, die es mir ermöglichen würde, morgens eine Tasse Kaffee zu trinken, aber ohne Kaffee, dafür aber mit Milch

Meine Unabhängigkeit im XXL-Format kann ich am besten zeigen, indem ich auf Anerkennung verzichte. Wissen Sie, ich lasse mich grundsätzlich nur von denen anerkennen, die mich anerkennen wollen. Da könnte ja jeder kommen und mich anerkennen! Nein, die Menschen, die mir keine Anerkennung geben, sind für mich uninteressant. Ich weigere mich, mir um uninteressante Menschen Gedanken zu machen, geschweige denn, mich von ihnen abhängig zu machen. Wenn mir einer sagen würde, ich sei ein armes Schwein, dann würde ich doch nicht um seiner Einstellung willen ein armes Schwein sein. Wo käme ich denn da hin!

Und schließlich der Besitz: Alle, die viel besitzen, sitzen ganz schön fest, nämlich auf ihrem Besitz. Wo ist ihre Unabhängigkeit? Sie haben sich selbst festgesetzt. Wie in einem selbst geschaffenen Gefängnis sitzen sie. Oder wie beim Nachsitzen. Auch da sitzt man an einem Ort, an dem man nicht sein will zu einem Zweck, der einem nicht einleuchtet. Das Festsitzen beeinträchtigt den Blickwinkel, bindet Gedanken und Aktionen. Da sitzt z.B. einer in seiner Einfamilienresidenz und kreist um sie herum wie mit einem überdimensionierten Rasenmäher. Er mäht nieder seine ganze Zeit mit Arbeiten im Garten, seine ganze Kraft bei Renovierungen des Hauses, sein ganzes Geld bei Neuanschaffungen, um das Objekt angemessen auszustatten und seine ganzen Gedanken, die eingekürzt werden auf Ideen zur Vergrößerung und Pflege des Objekts. Und sollte ich einmal im Lotto gewinnen, würde ich meine Unabhängigkeit nutzen und die Annahme verweigern. So eine Belastung würde ich mir nicht antun! Lieber lebe ich wie "Hänsin im Glück."

Unverträglichkeiten

Sie war ein Muster an Umgänglichkeit, überall um Harmonie bemüht. Mit jedermann vertrug sie sich. Missstimmungen allerdings vertrug sie gar nicht. Sie erspürte sie schnell und sicher. Ihr Arsenal, damit umzugehen war groß und abwechselungsreich. Sie konnte aber auch die Angelegenheit ignorieren, so sehr, dass man wirklich glaubte, da sei ja gar nichts. Beschwichtigung hieß ihr Motto gegenüber anderen und auch sich selbst. Man konnte sie sich gut vorstellen, gutmütig, treuherzig, mit herunterhängenden Schlappohren, wie ein Hushpuppy.

Man ging gern zu ihr auf einen Kaffee oder zum Plaudern und erfuhr von ihr, dass sie diesen Tag auch wieder gut rumgekriegt habe. Hatte sie die letzten Tage auch rumgekriegt? Wie viele Tage hatte sie wohl so rumgekriegt? Hieß das, dass ihr höchstes Ziel war, die Tage möglichst gut rumzukriegen? Kam es nicht so sehr auf den Tagesinhalt an? War da gar kein Tagesinhalt? Welcher auch?

Sie war Rentnerin und das jetzt schon seit fünf Jahren. Zuerst hat sie ihren Mann gepflegt mit viel Geduld und Einfühlungsvermögen. Ein ganzes Leben hatten sie zusammen verbracht. Allein war sie nie gewesen. Aber jetzt war sie es. Irgendwo in ihrem Innern war sie sich dessen auch bewusst - es rumorte in ihr und machte ihr Bauchschmerzen - aber sie konnte sich auch nicht klar zu ihrer Situation bekennen.

Das Alleinsein bekam ihr nicht gut. Man sah es ihr an. Sie suchte verzweifelt nach einem Ausweg. Sie ging in ihrem Haus hin und her und begründete das Treppensteigen mit der Aussicht auf ein langes, fittes Leben. Sie aß schnell hintereinander alles, was ihr der Kühlschrank anbot und füllte damit wohl sich, aber nicht die Langeweile. Sie telefonierte mit Personen, die keine Zeit hatten zum Telefonieren und begutachtete zum 100-sten Mal die neueste Mode in den Kaufhäusern. Dabei lief ihr zufällig ein alter Bekannter über den Weg, ein ehemaliger Schulkamerad, ein neuer Freund.

Sein Haus, sein großes Wohnzimmer und sein kostbarer Teppich machten Eindruck auf sie, zumal sich bald herausstellte, dass es eine Menge unter denselben zu kehren gab. Dennoch, sie blieb bei ihm - bis er sich von ihr verabschiedete und ihr damit auch der Teppich verloren ging. Aber die Angst vor dem Alleinsein, die sich unter dem Teppich befand, lief ihr nach, holte sie ein, setzte sich in ihrem Bauch fest und meldete dort selbstbewusst ihre Unverträglichkeit mit ihrer jetzigen Lebenssituation an. All diese Unverträglichkeiten, die sich jetzt in den Vordergrund drängten, hatten es schon bis direkt unter die Bauchdecke geschafft. Da war die gegen Gluten, dann die gegen Histamin, weiter gegen Sorbin, Laktose, Fruktose und Sahnetorte.

Nun war sie nicht mehr allein. Sie hatte den ganzen Tag damit zu tun, Ärzte aufzusuchen und heraus zu finden, was sie noch essen konnte. Ihr Alleinsein beschränkte sich jetzt auf nur wenige Stunden am Tag und inzwischen war sie in der Lage, diese irgendwie herumzukriegen.

Fettnäpfchen

Heilige Kekse

Besondere Familienfeiern beginnen bei uns üblicherweise mit einem Gottesdienst. Man versammelt sich im kleinen familiären Kreis und legt das Schicksal des Tages und auch alles andere in die Hand des Schöpfers. Da unsere Familie jahrelang getreu jeden Sonntag den Gottesdienst besuchte, kennen alle Angehörigen sämtliche Lieder auswendig und wissen sich im Gottesdienst zu benehmen. Nun ja, was man von Kindesbeinen an geübt hat, geht einem in Fleisch und Blut über.

Nun begab es sich aber, dass unsere Familie Zuwachs bekam in Form meines neuen Lebensgefährten. Obwohl grundreligiös, gehörte er nicht dem Verein der Katholiken an.

Eines schönen Tages flatterte uns eine Einladung zur Geburtstagsfeier meiner beiden alten Tanten ins Haus. Mein Freund war auch eingeladen, obwohl die Art unseres Zusammenlebens nicht unbedingt auf der katholischen Zielgeraden anzusiedeln war.

Wie erwartet wollten meine Tanten ihren Ehrentag mit einem feierlichen Gottesdienst beginnen. Natürlich sollte auch mein Freund daran teilhaben. Die Tatsache, dass er mit dem Ritus nicht vertraut war, stellte für ihn kein Problem dar. Wenn er sich so verhielte wie alle anderen, würde er schon nicht groß auffallen.

Also begaben wir uns zusammen in die Kapelle.

Die Messe entwickelte sich erwartungsgemäß. Die Herren, die von ihrer Treffsicherheit in Bezug auf die angesagten Töne überzeugt waren, sangen kräftig. Wir alle gingen in die Knie, standen wieder auf, setzten uns Liturgie gemäß und waren so mit uns und der heiligen Umwelt im

Einklang. Mein Freund machte tapfer mit.

Schließlich näherte sich die Messe ihrem Höhepunkt. Die Gläubigen schickten sich an, den Leib des Herrn in Form einer Oblate zu sich zu nehmen. Für diese Kommunion verließen alle ihre Sitzreihen und gingen nach vorne, wo der Priester schon mit einer Hostie in der Hand auf jeden einzelnen von uns wartete.

Es mag sein, dass es nicht jedermanns Sache ist, den Leib des Herrn zu verspeisen. Meinem Freund jedenfalls war die Sache nicht ganz geheuer. Da er sich aber bereit erklärt hatte alles mitzumachen, ging er mit den anderen, wie vom Priester vorgeschlagen, in ordentlicher Formation nach vorn. Und er erhielt auch eine Oblate, ganz wie alle anderen, natürlich! In der langen Schlange der Gläubigen gelangte er auch wieder an seinen Platz. Dort angekommen, stieß er mich leicht an und fragte flüsternd: „Willst du noch einen, du magst doch gerne Kekse." Dabei holte er aus seiner Jackentasche die Hostie und hielt sie mir hin. Völlig verdutzt, griff ich nach ihr und stopfte sie mir sofort in den Mund. Schnell verbarg ich mein Gesicht hinter meinen vorgehaltenen Händen. Diese traditionelle Geste dient normalerweise der Versenkung und des Gebetes. Mein Schöpfer wird es mir nachsehen, dass ich nach der Versenkung der zweiten Hostie dazu nicht mehr in der Lage war. Mich überfiel ein Lachdrang, in den mein Herrgott sicherlich mit eingestimmt hätte, wäre er nicht nur in Form der Oblate, sondern leibhaftig anwesend gewesen.

Günstige Gelegenheit

Ein Telefonanruf von meiner Bank. Was hatte das zu bedeuten? Rechnungen waren keine offen, irgendwelche Aktienkäufe hatte ich nicht getätigt. „Ah ja, das wird es sein", dachte ich, „man will mir eine Geldanlage empfehlen. Vielleicht ist das ja eine günstige Gelegenheit für mich. Zwar habe ich nicht viel, aber es ist doch ein schönes Gefühl, wenn eine Bank bei mir Geld vermutet." Also machte ich einen Termin aus.

Als ich zur Filiale kam, war ich zu früh. Ich freute mich, denn nun war ein bisschen Zeit, mich aufzuwärmen. Das schöne Wetter hatte mich überzeugt, mit dem Fahrrad zu fahren, obwohl der Wind noch recht kalt war.

Ich nahm im Foyer auf einer gemütlichen Couch Platz und beobachtete meine Umgebung. Sonst hatte ich ja nichts zu tun.

In einem durch eine Schrankwand abgetrennten Bereich herrschte emsige Betriebsamkeit. Ein älterer von Kopf bis Fuß grauer Herr ging dort ein und aus. Eine Bankangestellte flatterte mit Papieren in der Hand umher, um sich dann vorübergehend vor einem PC niederzulassen. Eine Frauenstimme redete gefällig wie ein Wasserfall. Ihre zufriedenen Artikulationen schwappten bis an mein Ohr.

Schließlich war es soweit: eine ältere Durchschnittsdame verließ die Schrankräumlichkeiten und die Bankangestellte bat mich nun einzutreten.

Der Raum war nicht allzu groß. Aber immerhin war genug Platz für drei Personen, ihre Extremitäten an und unter einem runden Tisch zu verstauen.

Die dritte Person war dann auch sehr schnell zur Stelle. Es war der graue Herr.

Er begrüßte mich höflich. Allerdings war deutlich zu merken, dass ihm diese Art der Begrüßung heute schon mehrfach über die Lippen gekommen war. Ebenso die Entschuldigung dafür, dass ich hatte warten müssen, brachte er flüssig und ohne Überlegung vor. Nun ja, ich war zu früh gekommen, warum entschuldigte er sich? Aber wenn er es gerne wollte, dann sollte er es ruhig tun. Vielleicht erleichterte ihm das seinen Job.

Etwas umständlich und mit ausladender Gestik brachte er ein unbeschriftetes, weißes Papier auf den Tisch und zückte seinen Kugelschreiber. Gespannt auf das, was nun kommen würde, schaute ich ihm zu. Er schrieb auf das unberührte Papier eine 100. Dazu verkündete er: „Sie zahlen eine monatliche Sparrate von einhundert Euro ".

Ich schaute ihn groß an und sagt: „Warum sollte ich das tun? Worüber reden wir überhaupt?"

„Ach ja, entschuldigen Sie, das habe ich ganz vergessen zu erwähnen," routinierte es ihm über die Lippen. „Es handelt sich hier um das Tandemsparen. Dieses Sparmodell bieten wir eigentlich erst Personen ab sechzig an. Aber wir dachten, für Sie wäre das auch schon eine gute Gelegenheit, obwohl Sie Ihren Jubeltag erst in einem Jahr feiern." Gemeint war mein sechzigster Geburtstag in anderthalb Jahren. Innerlich fing ich jetzt schon an zu jubeln!

„Sie zahlen sieben Jahre lang monatlich hundert Euro ein. Dann ruht das Geld fünf Jahre. Nach zwölf Jahren verfügen Sie über eine Summe von 10.104,- €. Dabei haben Sie eine Rendite von 4,65 %."

„Bekomme ich während der Zeit, in der das Geld ruht, auch so viel Zinsen?", fragte ich nach.

„Nein, das nicht, die Rendite insgesamt ist - ach, wie war das doch noch?"

„4,65%" half ich ihm aus.

„Ja, entschuldigen Sie, das hatte ich vergessen. Da merkt man doch, dass Sie noch einige Jahre jünger sind als ich mit meinen zweiundsechzig."

Bei diesem Redeschwall entlud sich aus sämtlichen Poren meines grauen Gegenübers Zigaretten- und Nikotingeruch. Ich konnte es mir nicht verkneifen zu denken, dass seine Gedächtnisschwierigkeiten in der Luft wabberten und man sie förmlich riechen konnte." Ich lehnte mich soweit zurück, wie es mein Sessel und der enge Raum erlaubten, um dem Gestank auszuweichen.

„Und wenn ich das Geld vorher brauche, was ist dann?"

„Ja, dann erhalten Sie nur das eingezahlte Kapital, die Zinsen gehen Ihnen dann verloren."

„Ein attraktives Modell", konnte ich nur sagen.

„Das ist aber noch nicht alles", fuhr mein Gegenüber, der mir seinen Namen nicht verraten hatte, fort. „Sie erhalten mit diesem Modell auch eine Invaliditätsabsicherung, eine monatliche Rente von 1.480,- € wenn Sie zu 50% Invalide sind. Ist das nicht attraktiv? Allerdings gilt die Invalidität nur dann, wenn sie durch einen Unfall hervorgerufen worden ist, das heißt unvorhergesehen, von außen und gewaltsam. Die meisten Unfälle passieren im Haushalt. Da der Haushalt der Bereich ist, wo wir uns in unserem Alter am meisten aufhalten, betrifft Sie das sicherlich auch."

„Ich bin noch berufstätig", bemerkte ich.

„Ach so, Entschuldigung. Aber man kann doch sagen, dass, wenn man älter wird, Entschuldigung, man nicht mehr so beweglich ist und nicht mehr so schnell reagiert - es sei denn, man ist Sportprofi. Aber das sind Sie ja nicht."

„Ich bin Sportlehrerin", kommentierte ich knapp.

Der Graue richtete sich auf. Seine teigige Gesichtshaut gewann eine deutlich wächserne Nuance.

„Oh, Entschuldigung! Sie bringen mich völlig durcheinander. Ich dachte eben schon, wo hat sie diese tolle Figur her."

Wenn Mister Grau sich jetzt entschuldigt hätte, wäre es durchaus angebracht gewesen, denn meine Figur war wahrhaftig nicht Gegenstand unseres Gespräches. Mir schien, dass seine Fortschritte in Richtung Invalidität schon nachweisbar waren und so wollte ich wissen: „Ich habe einmal eine persönliche Frage: Machen Sie dieses Tandemsparen auch?"

„Ja, natürlich", lebte mein Grauen auf, „ich habe jedoch die gesamte Summe auf einmal in ein Depot eingezahlt. Für dieses Geld erhalte ich 5% Zinsen, die ganzen Jahre über, zusätzlich zur übrigen Rendite. Sie können Ihr gesamtes Geld auch in ein Depot einzahlen. Heute gibt es dafür aber nur noch 3,75 %."

Ich lehnte mich noch ein wenig weiter zurück: „Ja, wirklich sehr attraktiv."

„Und jetzt kommt der Clou: im Todesfall erhalten Sie - das heißt ihre Erben - sofort das eingezahlte Geld zurück mit Zinsen und 6.000,- € dazu."

Ich musste zugeben, dieses Sparmodell war bis zu Ende gedacht worden.

Ich bedankte mich freundlich für das Angebot. Allerdings könne ich mich zur Zeit mit dieser günstigen Gelegenheit noch nicht anfreunden. Ich würde es mir aber gerne ein paar Jahre lang durch den Kopf gehen lassen.

Die Abschiedszeremonie war kurz.

Als ich wieder auf meinem Fahrrad saß, atmete ich tief durch, glücklich darüber, entkommen zu sein.

Erwischt

Es ist nichts Ungewöhnliches, wenn Menschen darüber nachdenken, wie sie auf andere wirken und - was besonders wichtig zu sein scheint - für wie alt man sie hält. Ich kann nur sagen, solche Überlegungen sind völlig überflüssig, denn diese Gedanken machen sich schon andere.

Das erlebte ich an einem herrlichen und heißen Sonnentag in den Sommerferien. Wir - mein Freund und ich – hatten uns vorgenommen, ein nahe gelegenes Erlebnisbad aufzusuchen und freuten uns schon auf die wohltuende Abkühlung und die Erlebnisse, die der Name des Bades ja versprach.

An diesem Tag war das Bad gut besucht. Viele Gäste tummelten sich im Wasser. Selbst das nicht beheizte Sportbecken war üppig mit Schwimmern angereichert. Die Liegestühle glichen kleinen Festungen, die beharrlich von ihren Beliegern unter Kontrolle gehalten wurden. Das war nur gut so. Diese gebundene Menschenkapazität würde uns also nicht die Plätze im Wellenbad, in den Außenbecken, unter dem Wasservorhänge produzierenden Fliegenpilz und natürlich auch nicht auf der Rutsche streitig machen! Wir waren uns einig: alles wollten wir ausprobieren!

Zugegeben, am meisten reizte uns die Rutsche. So erklommen wir schon recht bald die Plattform. Dass wir von flinken, Wasser spritzenden Kindern auf der Treppe überholt wurden, lag wohl in der Natur der Sache. Oben angekommen, stellten wir uns in die lange Warteschlange. Um uns herum zitterten sich Kinder warm und ein paar Halbwüchsige rempelten sich gegenseitig an, ihrem Alter gemäß. Ebenso altersgemäß hatten sich hier oben kaum Erwachsenen eingefunden. „Warum eigentlich nicht", dachte ich, „das Rutschen ist doch kein Bungee- Jumping!" Neben mir stand ein etwa 10-jähriger Junge. Ich merkte, dass er mich beobachtete. Darum bedachte ich ihn mit einem freundlichen Lächeln. Mit leicht schräg gelegtem Kopf schaute er zu mir hoch und fragte plötzlich ganz unvermittelt: „Wie alt sind Sie?"

Ich runzelte die Stirn. Mit dieser Frage hatte ich nicht gerechnet. Na ja, Kinder sind eben neugierig. Ich nahm dem Jungen das nicht übel und antwortete so gelassen wie möglich: „56". Da ich normalerweise weit jünger eingeschätzt werde, traute ich mich auch zurückzufragen: „Aber warum willst du das wissen?" „Ja," meinte der Bub, „meine Tante sitzt da unten". Er deutete mit seinem Finger auf einen der besetzten Liegestühle. „Sie hat mir versprochen, die Rutsche einmal auszuprobieren, wenn ich ihr drei Senioren bringe, die gerutscht sind."

In diesem Augenblick wäre es sicherlich hochinteressant gewesen zu beobachten, wie ich bemüht war, mein Entsetzen zu kontrollieren. Ich, eine Seniorin!

Ich brauchte dann auch einen etwas längeren Moment, um meine Gefühle und Gedanken zu bändigen und mich der nüchternen Realität zu stellen.

„Nun denn", dachte ich. Jetzt bist du also eine Seniorin!" Mir war klar, dass der Kleine mit seinem offenen Blick mich bestimmt nicht hatte ärgern wollen. Die Situation war also um so ernster! Aber was blieb mir schon anderes übrig als gute Miene zum bösen Spiel zu machen? Daher entschloss ich mich, meine Wahrnehmung als Seniorin zu verinnerlichen und mich als solche bei der Tante vorzustellen. Mein Freund erklärte sich spontan bereit, als Senior Nummer Zwei einzuspringen. So gingen wir zu dritt zielstrebig zu der Tante des Jungen.

Diese war nicht etwa erfreut als sie unser gewahr wurde. Vehement lehnte sie den Wunsch ihres Neffen weiterhin ab, ihm auf die Rutsche zu folgen.

Warum eigentlich? Bestimmt hat sie im tiefsten Innern ihres Herzens uns nicht als Senioren anerkennen können!

Aktien für jedermann

Eine zeitlang war es üblich, dass jedermann und jedefrau Aktien kaufte, Unbetuchte wie auch Unbedarfte. Es hatte sich herumgesprochen, dass man damit viel Geld machen kann - unter Umständen!

An einem Nachmittag traf ich eine Bekannte beim Einkaufen. Ganz aufgeregt erzählte sie mir folgende Geschichte:

„Mein Mann hat Aktien gekauft von einer großen Firma. Ich verstehe ja nichts davon. Aber dann bekamen wir eine Einladung.

In der großen Stadthalle fand die Veranstaltung statt, ein großer Saal, ganz feierlich. Der Vorstand saß vorne auf dem Podium. Und im Vorraum gab es ein kaltes Buffet. Nein, so etwas habe ich noch nie erlebt! Lachs, Schinkenplatten und gebratene Hähnchenkeulen und jede Menge Salate. Und die schmeckten! Die Schlange bewegte sich nur langsam vorwärts. Welche Schlange? Na, die am kalten Buffet! Und die Herren alle in Schwarz. Es wurde ja keine Pause gemacht. Man ging raus, wenn man wollte und aß. Was der Vorstand sagte, wurde über Lautsprecher übertragen. Der Vorstand hatte es nicht so gut. Der konnte keine Pause machen und essen. Am Buffet wurde man einfach weitergedrängt, weil alle von den leckeren Sachen etwas mitbekommen wollten. Aber es war so viel da, es wurde ja immer nachgelegt.

Nachher hatte ich Leibdrücken.

Und das machen die jedes Jahr einmal.

Ja, so ist das."

Eine Kostprobe vom Glück

Achtung

Manche Menschen sind der Meinung, dass niemand sie beachtet und mag.

Sie wissen nicht, dass es ein vorzügliches Mittel gibt, sich sehr schnell vom Gegenteil zu überzeugen. Man empfehle ihnen ganz einfach, mit dem Auto zu fahren und zwar im dichtesten Großstadtgewühl.

Hier wird bald jeder den Autofahrer mit einem freundlichen und sogar dankbaren Lächeln bedenken, sich nach ihm augenzwinkernd umdrehen, ihm vom Straßenrand her zuwinken und ihn ungern weiterfahren sehen.

„Wie ist so etwas möglich?" mag Herr Kleinmut fragen.

Ganz einfach, er braucht sich nur an die normale Strasserverkehrsordnung zu halten. So führt z.B., wenn ein Fußgänger die Straße überqueren will, ein klares Anhalten des Autos, verbunden mit einem deutlichen Handzeichen des Fahrers, zu den ersten Glücksregungen im Gesicht des ach so schwachen, auf seine eigenen Füße angewiesenen Fußgängers. Diese Achtung seiner kleinen und oft nicht sehr schnellen Persönlichkeit ist heutzutage von größtem Seltenheitswert, und jeder, der dieses Glück erfahren darf, fühlt sich wie ein Lottokönig. Daher das dankbare Lächeln.

Oder man nehme ein Kind auf seinem Schulweg: Im Verkehrsunterricht hat es aufgepasst. „Wenn ein Auto kommt, bleib stehen! Warte, bis das Auto vorbei ist und überquere erst dann die Straße!" Das Kind hat sich das gemerkt – und wartet. Herr Schon-Besser-Drauf erkennt seine Chance: Er hält mit seinem Auto an, lächelt und winkt dem Kind zu, doch über die Straße zu gehen. Das Kind ist überrascht und steht wie angewurzelt. Dann aber, die Einmaligkeit der Situation begreifend, rennt es los wie zu einem neuen Weltrekord und erreicht die andere Straßenseite. Hier bleibt es plötzlich stehen, dreht sich zum Autofahrer um und bedenkt ihn mit dem strahlendsten Blitzen, das seine schelmischen Äuglein hervorzubringen vermögen.

Unser Herr Freut-Sich-Nun-Auch begreift schnell und fährt daher zügig die paar Meter zur nächsten Kreuzung. Kurz darauf strahlt ihn ein Vorbeigelassener an, eine Frau mit Kopftuch hebt ihre Augen zu einem schüchternen, aber dankbaren Blick, der alte Herr mit Parkinson, der sich jetzt über den Zebrastreifen traut, macht noch zusätzlich vier Schritte für eine Kehrtwendung, um unserem Herrn Wohlgemut lebhaft zuzuwinken. Selbst die drei jungen Schönen, die diese Kreuzung problemlos schaffen, wenden lässig ihre Köpfe und lassen unserem Herrn Glücklich einen tiefgründigen Blick zukommen.

Volles Verständnis

Endlich eine Kur! Aufatmen, entspannen, Perspektiven suchen.

Solche, die auf die Zeit nach der Kur gerichtet sind, verbergen sich noch in den Gedankenturbulenzen. Andere Perspektiven aber, z. B. die für den nächsten Abend, gewinnen schnell an Gestalt.

Wie wir alle wissen, gehören zu einem guten Kurerfolg und zur Gesundung des Erholungsbedürftigen Stadtbummel und Cafebesuche genauso wie die häufige Teilnahme an Tanzveranstaltungen, denn menschliche Kontakte sind soo wichtig! Jeder verständnisvolle Kontakt lässt den Kurenden aufblühen, jeder kränkende fördert die Kurbedürftigkeit. Pfiffige Krankenkassen könnten somit massig Gelder einsparen, wenn sie „Kontaktis" engagieren würden, Mitarbeiter, die den Gesundungsuchenden den Zuspruch und die Streicheleinheiten (wohlgemerkt: nur von Streicheleinheiten ist hier die Rede!) zukommen lassen würden, die sie brauchen, um gesund zu werden. Stellen Sie sich das einmal vor! Auf einem Rezept stünde dann: „Zweimal täglich ein liebevolles Gespräch, einmal, möglichst am Abend, ein paar Streicheleinheiten bei Kerzenschein." Teuer wär's nicht, wohl aber zeitaufwendig. Nun ja, aber es gibt heutzutage ja so viele Arbeitsuchende, die über beliebig viel freie Zeit verfügen. Wie wär's, wenn man einige als freie Mitarbeiter bei den Krankenkassen einstellen würde? Und ganz nebenbei, diese Fähigkeiten von gut geschulten Kontaktis könnten auch problemlos im täglichen Leben angewendet werden, so dass viele Menschen gar nicht erst erkrankten, sozusagen eine positive Nebenwirkung!

In diesem Zusammenhang drängt sich mir allerdings die Frage auf, warum man für solch eine gesundheitsfördernde Maßnahme extra einen Krankenschein braucht!

In meiner Kur hatte ich das Glück, bei Kaffee und Kuchen eine Frau meines Alters kennen zu lernen, die sich in der Stadt und der Umgebung sehr gut auskannte. Wir unterhielten uns angeregt. Je näher der Abend rückte, desto enger wurde unser Themenkreis, bis unser Gespräch schließlich auf dem Punkt landete: „Wo können wir heute

Abend tanzen gehen?"

Meine neue Freundin wusste qualifizierten Rat. Hübsch zurechtgemacht und unbehelligt von meiner diagnostizierten Cox-Arthrose gingen wir gutgelaunt in den besten Schuppen am Ort.

Hier ergatterten wir einen Tisch direkt neben der Tanzfläche. Von diesem optimalen Aussichtspunkt aus konnten wir getrost auf zahlreiche Tänzer hoffen. Die Musik hob an. Erwartungsvoll blickte ich um mich. Die Paare fanden sich. Noch hatte kein Tänzer Kurs auf mich genommen. Das Gedränge wurde dichter, aber es fand sich immer noch keiner bei mir ein. Na ja, so ist das eben manchmal. Ich musste mich darein finden, dass bei diesem Tanz offensichtlich alle Tänzer schon vergeben waren. Aber das beeinträchtigte meine gute Laune keineswegs. Ich sah den strahlenden Menschen, die sich zu Zweierpacks formiert hatten, amüsiert zu. Die sanfte Kopfneigung der Dame, die gerade an mir vorbeitanzte, überbrückte dezent einen Größenunterschied um Haupteslänge. Der Kavalier hingegen ließ es sich nicht nehmen, die Hüfte seiner Auserwählten zu umschlingen, auch wenn sein Arm die Schlinge nur andeuten konnte - des Umfangs seiner Angebeteten wegen. Aber alle strahlten!

Ich auch. Ich hatte ja nichts anderes zu tun. Ich strahlte alle an, die in mein Blickfeld gerieten.

Wie der Zufall es so wollte, traf sich mein Blick mit dem eines führenden Herren. Er bändigte in seinen Armen eine auf- und abhüpfende Sportskanone. Offensichtlich vielseitig begabt, blickte dieser Mann mich unverwandt an. Als er dicht neben mir war, sprach er einige, offensichtlich an mich gerichtet Worte, so quasi im Vorübertanzen, versteht sich. Leider konnte ich wegen der süßen Klänge der Tanzmusik kein Wort verstehen. Aber schnell schoss es mir durch den Kopf; „Wie du mir, so ich dir," Ich antwortete mit abwechselungsreichen Mundbewegungen ohne Ton, versichert durch mein strahlendstes Lächeln.

Und siehe da! Mein Gegenüber fand noch vor einer eleganten Drehung eine Antwort für mich, halb rückwärts gewandt, lächelnd und offensichtlich mundbewegt. Er hatte mich verstanden!

Um Himmelswillen, was hatte ich denn gesagt? Nichts! Ich hatte doch nur die Lippen bewegt! Offensichtlich brauchte es nicht der Worte!

„Wie kommt es eigentlich, dass man sich versteht?", fragte ich mich. Die Worte scheinen es nicht zu sein, es waren ja keine gesprochen worden. Was war es dann? Die Sympathie, der Gleichklang? Oder einfach nur Schwingungen? Wie weit schwingen sie? Kann man damit locken? Meine ganzen Kommunikationstechniken kippten. Hier war ja eigentlich überhaupt kein Kontakt, außer über den Blick. Interferenz der Wellen? Welcher Wellen?

Mir wurde schwindelig, ich senkte den Blick. Und trotz der vielen Fragen war ich glücklich, ich fühlte mich verstanden.

Die neue Jacke

Der Frühling kündigte sich an und mit ihm die Frühlingsgefühle. Wo ließen sie sich wohl besser unterbringen als in einer neuen Garderobe? Die war zwar nicht unbedingt einkalkuliert. Aber an einem Sonnentag wie diesem, nach der Erledigung aller Pflichten, tauchte unweigerlich die Lust nach Ausschweifungen auf.

Mein Bummelgang ließ mich viele Auslagen betrachten, die mein üblicher Einkaufs-Tunnelblick nicht wahrnahm.

So stand ich unversehens vor einem hübschen, kleinen Laden mit ausgefallener Garderobe, die mich schon beim Befingern des Aushangs am Kleiderständer vor dem Lädchen nervös werden ließ. Der Stoff einer leichten, weichen Kurzjacke schmiegte sich in meine Hand und seine Farbe betörte meine Augen, so dass meine Phantasie mich bereits die angenehme Wärme spüren ließ, die man eigentlich erst beim Tragen genießen kann.

Da ich mich jedoch als rationaler Mensch auf vage Vorurteile nicht einzulassen pflege, fühlte ich mich veranlasst, die Versprechungen der Jacke zu überprüfen, aus rein sachlichem Interesse, versteht sich. So nahm ich sie vom Ständer und trug sie in den Laden. „ Möchten Sie die Jacke einmal anprobieren?"

Welche Frage? Schon schwebte sie um meine Schultern - und dann ein Blick in den Spiegel. Super, mein Gefühl hatte nicht getrogen. Phantastisch. Sie war schon jetzt mit mir verschmolzen, ein Teil von mir.

Ja, aber brauchte ich sie? Hatte ich mir nicht gerade erst einen Mantel gekauft, den ich jetzt im Frühling zu tragen gedachte? Ich riss meinen Blick vom Spiegel los, gab mir einen Ruck und verkündete: „Nein, ich kann die Jacke nicht kaufen, sie ist zu teuer."

„Ja, da ließe sich vielleicht noch etwas machen", meinte die Verkäuferin. Standhaft gab ich zurück: „Ich muss mir das trotzdem noch überlegen", zog die Jacke aus, legte sie beiseite und verabschiedete mich mit einem wehmütigen Blick wie von meinem besten Freund, den ich wohl nie wiedersehen würde. Wenn es auch weh tat, mein Entschluss stand fest: Ich kaufe die Jacke nicht, denn ich brauche sie nicht. So war das eben.

An den folgenden Tagen sah ich die Jacke mehrfach im Aushang. Da war sie und da sollte sie bleiben. Fertig. Es lohnte sich nicht, mehr Gedanken an sie zu verschwenden. Dennoch, sie ließ mich nicht los. Gott sei Dank kam nun das Wochenende. Jetzt konnte ich sie sowieso nicht erwerben und damit war ich von der Entscheidungslast befreit.

Die nächste Woche brach an. Wieder einmal musste ich an dem Lädchen vorbeifahren. Ich hatte etwas bei der nahegelegenen Post zu erledigen. Sofort sah ich es: Die Jacke hing nicht mehr am Ständer! War sie verkauft? Ach, was sollte mich das kümmern. Ich ging weiter. Doch der

Gedanke, die Jacke könnte tatsächlich verkauft sein, ließ mich nicht in Ruhe. „Vertreib mich doch, vertreib mich doch," höhnte er mit einem breiten Grinsen und stellte sich breitbeinig vor die vernünftigen Gedanken, die versuchten, sich an ihm vorbeizuquetschen. Sein penetranter Vorschlag, einfach nur mal nachzuschauen, ob meine Phantasie mich ärgern wolle, oder ob die Jacke wirklich einen neuen Besitzer gefunden hatte, ließ mich immer unruhiger werden. Ich musste Gewissheit haben.

Es zog mich zum Lädchen. Nur nachschauen wollte ich, nur sicher gehen! Nicht kaufen! Aber ich musste Klarheit haben!

Hektisch betrat ich das Geschäft. In Windeseile durchschweifte mein Blick die Kleidungsstücke. Ah, da war sie, die Jacke, aber in einer anderen Farbe. Ungeeignet. Dann die bange Frage:

„Haben Sie noch...?" Die Verkäuferin verschwand im Lager. Endloses Warten. Nach einer Weile kam sie zurück - mit der ersehnten Jacke über dem Arm! Cooles Anprobieren und dann ohne eine Miene zu verziehen, hörte ich mich sagen:

„Ja, gut ist sie, aber zu teuer! Für 100,- €, ja, sonst nicht!"

Die Dame verzog ihr Gesicht.

„Nein", sagte sie, „110,- €".

„Dann kann ich sie nicht nehmen!" Mein Vorsatz gewann wieder die Oberhand.

„O.K.", vernahm ich die Stimme der Inhaberin.

Mein Gefühl turbulenzte und ich merkte, wie meine Stimme sich verselbständigte und „Ja" sagte.

Es war geschehen. Die Jacke wurde eingepackt, ich bezahlte und schon beim Hinausgehen drängte es mich, sie anzuziehen, meine Jacke!

Schunkeln

Eigentlich habe ich das immer abgelehnt, das Schunkeln.
Ich sah keinen Sinn darin, sich bei anderen Menschen
einzuhängen und sich mit ihnen im gleichen Takt von
rechts nach links zu schwingen und zurück und wieder hin
und zurück. Die Trinklieder, die dabei gesungen wurden,
waren mir nicht fremd. Ich kannte sie von Schützenfesten
und Dorffeierlichkeiten. Die laute Musik und die
grölenden Menschen waren mir nicht übermäßig
sympathisch und daher kam mir auch nicht in den Sinn,
mich unter sie zu mischen.
Das Haus, in dem wir zu der Zeit wohnten, befand sich
genau gegenüber einer großen Turnhalle. In unserem
kleinen Dorf bot sie den meisten Platz für alle größeren
Feste in unserer Gemeinde. Und so wurde dort auch
gefeiert: Karneval, Schützenfest, jede Art von
Abschlussfeiern, Wahlveranstaltungen etc... Das war
durchaus sinnvoll. Die Nähe unseres Hauses zur Halle
allerdings war so groß, dass wir uns quasi wähnten, mitten
in der Halle zu wohnen: keinen Einsatz der Musik konnten
wir verpassen, keine der enthusiastischen Reden entging
uns, jede intime Unterhaltung vor der Halle hatte uns als
ungewollte Mithörer. Zwar konnten wir die Fenster
unserer Schlafzimmer schließen, aber die Einfach-
verglasung hinderte die Tanzmusik nicht im geringsten, bis
zu uns vorzudringen und uns unfreiwillig an sämtlichen
Blues', Disco-Fox' und Walzern teilnehmen zu lassen.
Was sollten wir machen? Meine Schwestern und ich
kamen schließlich überein, dass es wohl das Beste sei,
einfach an den dörflichen Festivitäten teilzunehmen. Also
machten wir uns schick mit Glitzertop und hohen
Absätzen, um wenigstens nicht hinter den Dorfschönheiten
zurückzustehen.

Es war nicht schwer, sich unter die jungen Leute zu mischen und schneller als gedacht fanden wir uns auf der Tanzfläche wieder, gut gelaunt und gut gedreht. Mit einer ganzen Reihe anderer Mädels und junger Männer landeten wir schließlich auf einer der langen Holzbänke an einem schier endlosen Biertisch mit zahlreichen Gläsern wieder. Um uns herum wurde geredet, gelacht und dem Alkohol zugesprochen. Das lockerte die Zungen und auch diejenigen sangen lautstark mit, die von sich wussten, dass sie gar nicht singen konnten, es aber für eine Weile vergessen hatten.

Ich fing an, mich in der fröhlichen Gesellschaft wohl zu fühlen. Viel brauchte ich ja auch nicht zu tun. Es genügte voll und ganz, ein wenig zu lächeln, mal schüchtern, mal schelmisch oder auch mal sehnsuchtsvoll. Viel zu reden machte bei der lauten Musik sowieso keinen Sinn, es sei denn, man hatte das Ohr seines Zuhörers so quasi auf Mundhöhe, ein interessantes neues Angebot. Nachdem ich das begriffen hatte, verlegte ich mich auf nonverbale Körpersprache, was über Mund und Ohr hinaus durchaus auch seinen Reiz hatte, z.B. bei dem folgenden Tanz.

Danach setzte ich mich zu den jungen Leuten am Nachbartisch mit einer weiteren besagten langen Holzbank davor. Es war recht eng dort, aber für mich reichte der Platz. Als die Musik erneut einsetzte, hakten wir uns alle unter und schunkelten, von rechts nach links, von links nach rechts und wieder zurück. Ich fühlte mich plötzlich gewärmt und verbunden mit der ganzen Welt, ich fühlte mich dazugehörig, geborgen, angenommen und glücklich.

So ein Zufall

Auch mein Auto gehört zu denen, die gelegentlich dem TÜV vorgestellt werden müssen.

112

Das musste ich eines Tages von meiner Werkstatt erfahren. Sie machte mir auch gleich ein günstiges Angebot, bei dem die TÜV-Strafzahlung für meine fünfmonatige Verspätung nicht ganz so heftig ins Gewicht fiel. Dennoch war ich beeindruckt von meiner Nachlässigkeit und ihren Kosten.

Daher erzählte ich meiner Freundin dieses Ereignis brühwarm am Telefon. Um Himmelswillen, rief sie, ich habe ja auch den TÜV völlig übersehen. Da muss ich für mein Auto ja sofort einen Termin machen.

Gesagt - getan. Nach vier Tagen rief mich meine Freundin erneut an. Stell dir vor, sagte sie, auf deinen Hinweis hin habe ich mein Auto gleich am nächsten Tag vom TÜV begutachten lassen. Es hat auch ohne Beanstandungen die Plakette bekommen. Aber gestern Abend ist mir ein anderes Auto auf mein Auto aufgefahren. Ich hatte keine Schuld. Aber natürlich haben wir alles von der Polizei aufnehmen lassen. Zum Glück hatte ich am Tage vorher die TÜV-Plakette bekommen, sonst hätte ich einen Teil des Schadens selber zahlen müssen. So ein Zufall, dass du mich gerade vorher auf den TÜV aufmerksam gemacht hattest!

Weihnachtswurst

Erster Advent – Weihnachtsmarkt!
Schon beim Verlassen des Autos fliegt uns der Duft von Gebackenem in die Nase, allerdings zeitgemäß angereichert mit einer Mischung aus Zimt-, Bratwurst- und Kartoffelpuffergeruch. Angemessen eingestimmt, machen wir uns so auf die Suche nach geeigneten Weihnachtsgeschenken für unsere Lieben.
Wir folgen den Klängen von „Jingle Bells" und schon sind wir mittendrin im Geschehen. Warme Socken werden angeboten, ein Kinderkarussell lärmt laut in die Landschaft, Schmuck- und Duftwaren reizen gezielt die

Sinne, so dass es kaum möglich ist, sie beieinander zu halten.

Und dann die Sorge um das leibliche Wohl! Nicht etwa um das liebliche Wohl! Das widerspricht sich nämlich nun wirklich. Die meisten Anwesenden an den zahlreichen Essbuden strotzen vor leiblicher Wohlheit. Und um diese abzurunden, legen sie noch eine Bratwurst nach. So sind z. B. neben einem Stand drei Bratwurstesser zu entdecken, die sich dort abgestellt haben, um sich mit möglichst wenig Reibungsverlust zu vollenden.

Den meisten Besuchern des Weihnachtsmarktes ist wohl irgendwie auch bewusst, dass die „Adventszeit" etwas mit „warten auf..." zu tun hat. Aber worauf sollen sie warten? So recht scheint das niemand zu wissen. Daher entschließen sich die einen auf einen Glühwein zu warten, die anderen auf gebratene Champignons, wieder andere auf Bedienung an einem Stand mit süßen Waffeln. Aber sie alle machen einen zufriedenen Eindruck.

Friede auf Erden den Menschen, die guten Appetits sind!

Der Tanz auf dem Regenbogen

Ja, einen Spaziergang sollte ich machen. Das würde mir gut tun. Frische Luft, Bewegung und die vielen kleinen Genüsse für Augen und Ohren. Das alles könnte mich beflügeln und mir wieder Lust machen auf ganz neue Lösungen von schon tausendmal da gewesenen Alltagsproblemen.

So machte ich mich auf den Weg. Über einem sonnenbeschienenen Feldweg stand die Luft still, als erwartete sie mich bereits. Schwebfliegen surrten in der flimmernden Luft wie auf unsichtbaren Aussichtstürmchen und hielten nach mir Ausschau, um dann, nachdem sie mich gesichtet hatten, schleunigst davon zu fliegen. Wollten sie mich bei irgendwem anmelden? Nur bei wem?

Während mich diese Frage noch beschäftigte, merkte ich, wie der Weg anstieg. Zwar hatte ich vorher die Gegend als absolut flach eingeschätzt, wurde aber jetzt eines Besseren belehrt. Erst ging es langsam bergan, dann wurde es aber schnell sehr viel steiler. Zu meinem Erstaunen strengte mich der Anstieg gar nicht an. Leichten Fußes erklomm ich den Hügel und entdeckte auf einmal, dass ich wohl über eine Brücke ging. Ich blickte nach unten. Ganz tief, sehr tief unter mir lag die Wiesenlandschaft. Irritiert schaute ich mir meine Brücke etwas genauer an. Sie reichte aus den jetzt in dichtem Nebel versinkenden Wiesen und spannte sich weit bis fast an die dunklen, sich immer stärker zu Wolkenbetten aufbauschenden Regenwolken. Noch wurden sie von der heißen Mittagssonne beschienen. Ich blieb stehen und staunte. Was war das? Ich ging auf einem Regenbogen!
Fast war ich schon auf dem höchsten Punkt angekommen. Ein Jubel bemächtigte sich meiner.
Leichtfüßig lief ich die letzten Meter bis zum Zenit des in allen Nuancen strahlenden Bogens. Ich tippte mit meinen Fußspitzen auf die verschiedenen Farben. Sie gaben Töne von sich, glitzernde Töne. Es reizte mich, von einer Farbe zur anderen zu springen und so dem Regenbogen eine Melodie zu entlocken. Schneller sprangen meine Füße und die Farbtöne gurgelten, sangen, verspritzten Silber und schmelzende Wärme. Mit spitzen Füßen nahm ich immer wieder neue Farbvarianten und schnellere Melodienfolgen. Sie schwollen an, schwangen sich in große Höhen und rissen meine Füße mit in einem Taumel aus Tanz und Traum, einem Rausch aus ringenden Rhythmen, einem Laufen in Leichtigkeit und Luft, in erquickliche Ekstase bis zur strömenden Erschöpfung.
Mehr wollte ich! Spüren wollte ich das Vibrieren der ganzen Tonfülle! Ich griff in den Rand des Regenbogens und schwang mich in einer großen Welle um alle Farben herum, so dass die Töne in schneller Folge erklangen und sich durchmischten zu einem dichten Netz aus

Schwingungen, von dem ich wusste, dass es mich tragen würde. Die Luft drohte fast zu bersten. Um den Überschwang zu beruhigen, legte ich mich mit dem Bauch auf den Bogen und zupfte nun nur noch mit den Fingern aus den Farben kleine, sanft kühlende Töne. Aber der volltönende Klang der schwingenden Farben hatte mein Innerstes ergriffen. Wie hypnotisiert begann ich erneut, traumtänzerisch freitänzelnd und schnellfüßig Melodien erklingen zu lassen, um dann wieder auf alle Viere sinkend, mich an mehrstimmigen, kurzrhythmischen Sequenzen zu berauschen.

Dann ließ ich mich erschöpft fallen. Mit dem Bauch die Wölbung des Regenbogens erspürend, rutschte ich ein Stückchen durch umhüllende Harmonie. Meine Sinne versanken in Klang, eins mit dem Universum.

Mit letzter Kraft erarbeitete ich mir erneut den Gipfel des Bogens, ließ mich abermals ein Stück gleiten, zog mich hoch und wiederholte diese Abfolge wieder und wieder, bis ich mich, gesättigt von den überwältigenden Eindrücken, genüsslich erschöpft, aufrichtete und aus der Regenbogenwelt wie auf einer Rutschbahn zurück glitt in die Realität.

Da war wieder mein Feldweg. Ich fand den Sommer vor, den ich doch eben verlassen hatte, bemerkte eine klare Richtung, eine Ebene mit einem ganz normalen, nicht angreifbaren, soliden Niveau, mit einer Abzweigung nach rechts, die dieses Rechts-Versprechen auch hielt und wo hinter den Unkrautwegrändern üppige Weizenfelder ohne Kornblumen wogten.

Wo war ich wirklich?